결국 성공하는
사람들의 원칙

UNSHAKABLE

그럼에도 불구하고 해내는 12가지 삶의 태도

짐 론 자기계발 시리즈 ❷

결국 성공하는 사람들의 원칙

짐 론 지음 · 유지연 옮김

오아시스
Oasis

성공은 이미 당신 안에 있다

다른 나라들과의 경쟁 심화, 세계적인 인건비 하락, 첨단 기술이 가져온 혁명 등 전 세계적으로 거대한 변화가 일어나고 있음에도 불구하고 미국은 여전히 기회의 땅이다. 또한 성공에 필요한 모든 것이 가까이 있는 땅이다. 당신이 누구든, 어디에서 시작하든 당신에게는 여전히 꿈을 현실로 만들 수 있는 진정한 기회가 있다. 물론 이런 의견에 동의하지 않는 사람들도 있을 것이다. 하지만 이것은 사실이다. 따라서 우리는 주어진 기회를 최대한 활용하기 위해 할 수 있는 모든 것을 해야 한다. 물론 많은 사람이 그렇게 최선을 다하고 있다. 나는 그동안 수많은 사람이 성공하는 모습을 보았다. 그 과정에서 내가 도움을 준 사람들도 있으며, 당신에게도 도움이 될 것이라고 생각한다.

세계에서 일어난 몇 가지 중요한 변화들을 잠시 살펴보자. 우선 더 많은 사람이 기술 발전의 혜택을 누리게 되었다. 이것은 분명 좋은 일이다! 하지만 한편으로는 조심하고 주의해야 할 일이기도 하다. 정말 중요한 것이 다른 것에 묻힐 수 있기 때문이다. 우리에게 필요한 자질들이 온갖 플라스틱과 반짝이는 기기에 눌려 질식할 수도 있다. 이때 당신을 지탱할 버팀목은 '내면의 자원'뿐이다. 따라서 당신이 무엇을 가졌는지보다 당신이 '어떤 사람'인지가 더 중요하다.

나는 성공하는 사람들이 가지고 있는 품성에 대해 그리

고 리더십에 대해 이야기하고자 한다. 그것은 스스로를 고취하여 자격과 권리를 부여하고 다른 사람을 이끌며 건강한 관계를 누릴 수 있게 해 주는 능력이다.

이 책에서는 개인적, 직업적 성공으로 이어지는 품성을 만드는 12가지 자질을 살펴본다. 먼저 옳은 일을 하는 데 필요한 '용기'에 대해 살펴본다. 두 번째, '무결성'에 대한 논의를 통해 옳은 일을 하는 것이 어째서 자신에게 큰 이익이 되는지 알아보고, '정직'에 대해 논의하면서 스스로에게 정직한 것이 항상 최선인 이유에 대해 알아본다. 세 번째, 어떤 어려움도 극복할 수 있는 '끈기'에 대해 살펴본다. 네 번째, '지혜'에 대한 논의에서는 어떤 상황의 사실을 아는 것이 진실을 아는 것과 항상 같지 않다라는 점에 대해 이야기한다. 다섯 번째, '책임감'에 대한 논의에서는 미국의 제33대 대통령 해리 트루먼Harry Truman처럼 '모든 책임은 내가 진다.'라는 사고방식을 취해야 하는 이유에 대해 살펴본다. 여섯 번째, '유머'가 얼마나 즐거운 특성인지, 어째서 확고한 품성을 지닌 사람들이 스스로를 비웃을 수 있는 능력을 중요하게 여기는지 알아본다. 일곱 번째, '유연성'이란 무엇이며, 어째서 오늘날 유연성이 그 어느 때보다 중요한지 살펴본다. 여덟 번째, '인내'라는 덕목을 왜 우리가 진지하게 받아들여야 하는지 알아본다. 아홉 번째, 다른 사람을 이끄는 능력인 '확신'에 대해 말한다. 열 번째, '건강'한 몸과 마음이 확고한 품성에 어떻게 기여하는지 확인한다. 열한 번째, '성취'의 진정한 본질에 대한 논의를 통해 어째서 성취를 자신의 마음으로밖에 측정할 수 없는지 살펴본다.

UNSHAKABLE

1
장

'나는 할 수 없다'라는
생각을 버려라

글을 쓸 때, 고대 언어나 외국어에서 단어의 유래를 찾는 것은 내게 특히 도움이 된다. 품성^{character}을 주제로 글을 쓰려고 계획하면서 사전을 찾아보았는데, 품성의 거의 모든 의미가 어원에 담겨 있었다. 하지만 품성에 대해 이야기하기 전, 먼저 '카리스마^{charisma}'라는 단어의 유래부터 간단히 언급하고 싶다. 사람들은 종종 품성과 카리스마를 혼동하여 사용하기 때문이다.

품성과 카리스마의 차이

카리스마는 '다른 사람의 호의를 이끌어 내는 능력'을 뜻하는 그리스어에서 유래했다. 카리스마는 일종의 자석 같은 성격 특성으로, 다른 사람을 통제할 수 있는 힘을 부여하는 마법의 지팡이나 다름없다. 그러나 품성의 유래는 전혀 다르다. 품성은 '정chisel' 또는 '정으로 새긴 자국'을 의미하는 그리스어에서 비롯되었다. 나는 이 유래가 매우 중요하다고 생각한다. 정은 화강암이나 대리석처럼 단단하고 다루기 어려운 재료를 조각할 때 사용하는 뾰족한 강철 도구다. 정은 본질이 드러나는 것을 방해하는 노폐물, 즉 인생에서 진정으로 중요한 것을 가로막는 쓸모없는 부분을 제거하는 데에도 사용된다. 즉, 품성은 불필요한 자질을 다듬고 또 다듬어 깊은 곳에 자리한 본질이 드러난 모습이다. 이처럼 어원에 따르면 품성과 카리스마는 아무 관련이 없다. 당신은 조각가가 조각상을 만들어 내듯이 자신이라는 원재료를 깎아 품성을 발현해야 한다. 원재료는 항상 주어져 있다. 좋은 일이든 나쁜 일이든 당신에게 일어나는 모든 일은 품성을 기르거나 다듬을 수 있는 기회다.

품성과 카리스마의 중요한 차이를 한 가지 더 살펴보자. 어쩌면 당신은 이미 알아챘을 수도 있다. 바로 품성의 정의와 어원에는 다른 사람이 언급되지 않는다는 점이다. 품성은 다른 사람을 지배하는 것이나 다른 사람이 나를 따르게 하는 것, 또는 다른 사람의 환심을 사는 것을 뜻하지 않는다. 품성은 자신이 지니고 있는 특성이자 자기 자신이다. 무인도에 고립되었다 해도 품성은 필요하다. 오히려 그런 상황에서 품성은 매우 중요하다. 하지만 카리스마는 전혀 도움이 되지 않는다. 품성은 전적으로 자신과 관련되지만, 카리스마는 다른 사람이 존재해야 하기 때문이다.

카리스마 있는 사람과 품성을 갖춘 사람의 차이가 현실 세계, 특히 리더십을 발휘하는 상황에서 어떻게 나타나는지 좀 더 구체적으로 살펴보자. 다음은 쉽게 일어날 수 있는 네 가지 상황이다.

첫째, 카리스마가 넘치는 사람은 타인으로 하여금 그림의 떡이 진짜라고 믿게 만들거나, 내일 당장 하늘이 무너질 것이라고 믿게 만들 수 있다. 어느 쪽이든 그들에게는 매우 쉬운 일이다. 실제로 카리스마를 지닌 사람은 다른 사람들에게 이러한 기대를 형성하여 에너지와 영감을 불어넣기도 한다. 그러나 과장된 시나리오가 거짓으로 판명되어 카리스마가 사라질 때까지 사람들을 두려움에 떨게 만들거나 의욕을 꺾을 수도 있다. 반면 품성을 갖춘 사람은 피리 부는 사나이처럼 다른 사람들을 선동하거나 유인할 필요가 없으며 그런 역할을 편하게 여기지도 않는다. 오히려 영감과 에너지의 진정한 원천을 찾기 위해 내면을 들여다본다.

둘째, 카리스마를 지닌 사람은 타인에게 헌신적인 또는 광적인 충성을 불러일으킬 수 있다. 이는 리더를 향한 무의식적인 의존으로 변질되기 쉬운데, 이때 리더가 제 역할을 하지 못하면 상황이 어려워진다. 일례로, 카리스마 넘치는 감독이 있을 땐 리더십이 효과를 발휘하지만, 리더가 조직을 떠났을 때 남은 사람들은 버림받은 느낌을 받는다. 리더가 떠난 팀은 결코 전과 같은 성공을 이루지 못한다. 또한 카리스마를 지닌 사람은 권한 위임에 저항하는 경우가 많다. 반면 품성을 갖춘 리더는 자신이 조직에 없어서는 안 될 핵심 인물이 되는 것을 피한다.

셋째, 카리스마를 지닌 사람은 모자에서 토끼를 꺼내듯 계속해서 획기적인 방안을 제시해야만 한다. 존재감이라는 그들의 마법이 계속 발휘되지 않으면 사람들은 그 마법이 어디로 갔는지 궁금해하기 시작하고, 더 심각해지면 싫증을 내고 지겨워한다. 반면 품성을 갖춘 사람은 그런 마법이 필요하지 않다.

일례로, 미국의 드와이트 아이젠하워Dwight Eisenhower 장군은 제2차 세계대전 중 유럽 연합군 총사령관에 임명되었다. 당시 연합군에는 영국의 윈스턴 처칠Winston Churchill 총리, 영국의 버나드 몽고메리Bernard Montgomery 장군, 프랑스의 샤를 드골Charles De Gaulle 장군, 미국의 조지 패튼George Patton 장군 등 카리스마 넘치는 인물이 수두룩했다. 그러나 아이젠하워가 임명된 것은 다른 장군들처럼 극적인 상황을 이용해 사람들을 열광시키는 화려한 리더여서가 아니었다. 정확히 말하면 그 반대였다. 총사령관으로서 필요한 자질은 강인함과 체력, 그리고 사람들을 관리할 수 있는 능력이었다. 1944년 노르망디 상륙작전을 앞두고 아이젠하워는 전투에 나설 장교들을 만났다. 그는 탁자 위에 줄 한 가닥을 길게 놓은 뒤 손가락으로 몇 센티미터 잡아당겼다. 그리고 이렇게 말했다. "군대는 이 줄과 같습니다. 뒤에서 밀려고 하면 겹겹이 엉키기만 할 뿐입니다. 우리는 병사들을 뒤에서 미는 것이 아니라 앞에서 끌어야 합니다." 아이젠하워는 화려한 리더는 아니었지만, 누구나 이해할 수 있는 방식으로 자신의 주장을 정확히 전달할 수 있는 사람이었다. 진정한 의미의 품성을 갖추고 있었던 것이다.

넷째, 카리스마를 지닌 리더들이 가지고 있는 가장 큰 함정이다. 리더의 인정을 받기 위해 사람들이 다른 의견을 제시하는 데 주저한다는 것이다. 부하 직원들이 목소리 내기를 두려워해 고립되는 리더들이 있다. 반대로 리더를 향한 부하들의 잘못된 애정으로 리더가 듣기 좋은 말만 해주어 고립되는 리더들도 있다. 반면, 품성을 갖춘 사람은 주변의 모든 이에게 사랑받는다. 그럼에도 그들은 진리에 대한 사랑이 최우선이라는 점을 분명히 밝힌다. 그로 인해 자신이 상처를 입더라도 말이다.

품성과 카리스마는 수천 년 동안 규정되고 논의되어 온 주제다. 나는 두 명의 역사적 인물을 비교하여 이 논의를 마무리하고자 한다.

알렉산더 대왕Alexander the Great은 의심할 여지없이 역사상 가장 카리스마 넘치는 리더였다. 그는 서른세 살까지밖에 살지 못했으나 수많은 업적을 남겼다. 직접 군대를 이끌고 나가 전투에서 연이은 승리를 거두었고 그리스를 시작으로 페르시아, 이집트를 거쳐 인도까지 세력을 확장했다. 알렉산더는 위험에 뛰어드는 의지, 타고난 웅변술, 군사 전략가로서의 천재성 등을 발휘해 병사들의 광적인 충성심을 불러일으켰다. 그러나 수년간 계속된 전쟁으로 병사들은 점차 지쳐 갔고, 알렉산더의 군대는 여러 차례 반란의 조짐을 보였다. 하지만 말라리아가 들끓는 인도 정글에 이르기까지 알렉산더는 언제나 병사들을 결집해 전투를 치렀다. 알렉산더는 자신을 신이라 여겼고, 정복 전쟁을 통해 자신의 신성한 힘을 다른 나라들에게 보여 줄 수 있다고 믿었다. 알렉산더가 고대 도시 바빌론에서 사망한 뒤, 그의 시신은 말 수십 마리가 끄는 황금 마차에 실려 이집트로 옮겨졌다. 그러나 오늘날 알렉산더를 숭배하는 사람은 없다. 현대 사람들은 알렉산더의 이름이나 알렉산더가 타던 말의 이름을 딴 여러 도시들을 보며 깊은 감명을 받지 않는다. 알렉산더가 거인이었다고 생각될 만큼 거대한 가구들로 채워진 그의 궁전을 보면서도 마찬가지다. 사실 알렉산더의 영향력은 그가 사망한 뒤 곧바로 사라지기 시작했다. 알렉산더의 부하들은 제국을 놓고 다툼을 벌였고 얼마 지나지 않아 새로운 정복자들이 그의 자리를 차지했다. 역사상 가장 카리스마 넘치는 리더였던 알렉산더는 역사가 이외의 사람들에게 별 관심을 끌지 못했다.

알렉산더가 사망한지 300년이 지난 무렵, 예수 그리스도가 등장했다. 예수에게는 군대 대신 열두 명의 제자가 있었다. 사람들은 예수를 신으로 모시려 했으나 그는 결코 스스로를 신이라 칭하지 않았다. 그는 말을 갖지도, 도시를 세우지도 않았으며, 죽은 뒤 황금 마차에 실리지도 않았다. 하지만 그의 품성에 내재된 힘은 오래도록 지속되며 더욱 강해졌다. 이처럼 카리스마가 사라진 뒤 남는 것은 바로 품성이다.

품성은 노력의 결과물이다

앞서 품성을 기르는 것은 예술가가 조각품을 만드는 것과 비슷하다고 말했다. 이를 좀 더 자세히 설명하면 이렇다. 예술가의 손길 없이 정만 가지고 예술 작품을 만들 수 없듯이, 품성 또한 저절로 발현되지 않는다. 예술 작품과 품성 모두 의식적인 결정의 결과물이다. 즉, 의식적인 설계 과정이 작용한다. 품성은 당신이 내린 수많은 선택의 결과이며, 그 선택은 현재의 당신을 당신이 되고자 하는 모습으로 점차 변화시킨다. 물론 그러한 의사 결정 과정이 없다 해도 당신은 여전히 대단한 사람일 것이고 여전히 건재할 것이다. 하지만 그건 품성이 아닌 개성personality이다. 품성과 개성은 전혀 다른 특성이다. 품성은 지문처럼 타고난 것도, 바꿀 수 없는 것도 아니다. 다시 말해, 타고난 특성이 아니기 때문에 우리는 좋은 품성을 체화할 수 있도록 스스로 책임을 져야 한다. 서부 개척 시대의 이주민들처럼 마차를 타고 로키산맥을 넘을 수는 없지만, 마음의 산을 넘어 스스로 더 나은 삶을 만들 수는 있다. 그것은 훨씬 더 큰 도전일 것이다.

경기마다 패하는 한 축구팀 선수들에게 감독이 "자, 올해 우리는 품성을 아주 많이 길렀다. 그렇지?"라고 말했다고 한다. 여기서 말하는 품성은 진정으로 원하는 것을 이루지 못했을 때 만족하고 받아들이는 것을 의미한다. 또는 역경의 결과로 내면에서 저절로 길러지는 특성을 말한다. 하지만 나는 여기에 동의하지 않는다. 나는 역경만으로 품성이 길러진다고 생각하지 않으며, 성공이 품성을 약화시킨다고 생각하지도 않는다. 경기에서 승리하든 패배하든, 부자가 되든 힘든 시기를 보내든, 우리는 삶에서 일어나는 일들에 잘 대응함으로써 품성을 기를 수 있다. 품성은 내면에서 창조해 부지런히 키워야 하는 특정한 자질이다. 마치 씨앗을 심고 물을 주는 것이나, 나무를 모아 모닥불을 피우는 것과 같다. 당신은 자신의 내면에 있는 본질을 찾아야 한다. 그리고 상상 속에만 존재하던 조각상을 만들기 위해 바위를 깎는 것처럼 본질을 드러내기 위해 불필요한 부분을 깎아내야 한다. 품성과 관련하여 정말 놀라운 사실은 자신이 원하는 사람으로 거듭나기 위해 진정으로 헌신한다면 그러한 자질을 만들어 낼 수 있다는 것이다. 뿐만 아니라, 매일 그 자질을 발휘하면서 그것을 강화하고 풍부하게 재창조할 수도 있다. 출애굽기에 나오는 불꽃이 일지만 타지 않는 가시덤불처럼 품성은 발휘되고 다듬어지는 가운데 스스로 성장하고 유지된다.

용기와 두려움의 상관관계

확고한 품성을 만드는 첫 번째 특성은 '용기'다. 자신의 내면에서 다양한 자질을 발견하고 창조하기 위해선 다른 어떤 특성보다 용기가 필요하다. 고대 이후 철학자들은 용기를 진정한 성취의 토대로 여겼다.

조국에 봉사하기 위해 자신의 안전은 제쳐 두고 죽음에 맞선 미 의회 명예훈장 수상자들의 이야기를 담은 책이 있다. 대부분의 경우, 수상자들이 죽음에 맞서 싸운 것은 적을 물리치기 위해서가 아니라 다른 미국인을 구하기 위해서였다. 수상자들의 업적을 읽다 보면 그들은 해야 할 일을 하기 위해 죽음에 대한 두려움을 잊은 사람들이었음을 깨닫는다. 수상자들은 용기 있는 사람이었다. 하지만 죽음에 대한 두려움을 극복하는 것 자체가 꼭 용기를 나타내는 것일까? 법을 어기는 과정에서 죽음을 두려워하지 않는 사람들이 많다. 나는 그러한 범법자들이 용기 있는 사람이라고 생각하지 않는다. 운전을 하면서 일부러 무모한 행동을 저질러 자신의 목숨과 다른 사람의 목숨까지 위태롭게 만드는 이들도 있다. 하지만 그들은 용기 있는 사람이 아니다. 배고픈 당나귀는 그만 먹으라고 때려도 배가 터질 때까지 계속 먹는다. 당나귀는 두려움을 잘 극복했지만 용기가 있는 것은 분명 아니다. 이처럼 용기를 정확히 정의할수는 없지만, 명예훈장 수상자들의 업적과 무모한 행동에 차이가 있다는 점은 직관적으로 이해할 수 있을 것이다.

'진정한 용기'에 대해 약 2천 년 전, 그리스의 철학자 아리스토텔레스는 이렇게 말했다.

"진정으로 용기 있는 사람은 두려움을 느끼지 않는 사람이 아니다. 두려워할 만한 것을 마땅한 때에 마땅한 모습으로 두려워하는 사람이다."

이 말은 정확히 어떤 의미인가? 두려워할 만한 것을 마땅한 때에 마땅한 모습으로 두려워한다는 것은 무엇을 뜻하는가? 답을 찾기 위해 우선 많은 사람이 현재 직면하고 있는 두려움의 원천을 구체적으로 살펴보자.

첫째, 매우 많은 사람이 자신에게 재정적으로 어떤 일이 일어날지 두려워한다. 오늘날 수많은 사람에게 직접적인 영향을 미칠 거대한 경제적 변화가 일어나고 있는 것은 분명한 사실이다. 현재 직원 1만 명을 고용하고 있는 기업이 10년 후에는 지금 인원의 5분의 1밖에 필요로 하지 않을 것이라고 한다. 지난 50년 동안 우리 사회의 모든 부문은 우리를 고용한 기업과 동화되며 발전해 왔다. 기업은 급여와 의료 혜택뿐만 아니라 연금 기금을 조성할 수 있는 기회 또한 제공했고, 이를 통해 우리는 65세 또는 그보다 이른 나이에 은퇴하는 것이 가능했다. 하지만 현재 직원과 기업의 관계가 변화하고 있다. 그동안 내국인 근로자가 하던 많은 작업이 해외에서 더 낮은 비용으로 이루어지게 되었고, 기업들은 이러한 기회를 적극 활용하고 있다. 이는 필요에 의해서일 수도, 단순히 수익을 늘리기 위해서일 수도 있다. 이유가 무엇이든 실직에 대한 두려움은 실직 위기를 직면한 적이 없는 부문까지 널리 퍼지게 되었다.

둘째, 많은 사람들이 건강을 염려한다. 사람들은 운동을 충분히 하지 않거나 안 좋은 음식을 먹거나 공기, 음식, 물 속의 화학 물질에 노출되어 건강을 잃게 될까 봐 두려워한다. 사실 오늘날의 사람들은 전염병이 창궐하고 위생 시설이 열악했던 과거의 사람들보다 이런 문제를 훨씬 더 두려워하는 것 같다. 그리고 자신이 병들거나 장애를 입게 될 경우 발생할 비용 또는 부모나 가족이 그렇게 될 경우 부담해야 할 비용에 대해서도 걱정한다.

이처럼 재정과 건강에 관련된 두려움은 우리가 흔히 갖는 두 가지 주된 걱정거리다. 하지만 오늘날 사람들을 정말 두렵게 만드는 세 번째 요인은 하나의 카테고리로 분류하기가 쉽지 않다. 바로 상황이 예전만큼 좋지 않으며, 우리 사회가 기본적인 수준에서부터 통제력을 잃었다고 생각하는 전반적인 분위기다. 즉 눈에 보이는 큰 위험과 감지할 수 없는 작은 위험들이 마치 지진처럼 연이어 발생하고 그 누적된 여파가 사회의 근간을 뒤흔든다고 느끼는 것이다.

용기 있는 사람은 두려움을 느끼지 않는 사람이 아니라, 두려워할 만한 것을 마땅한 때에 마땅한 모습으로 두려워하는 사람이라는 점을 염두에 두고 방금 살펴본 여러 두려움이 이 정의에 정말 부합하는지 생각해 보자. 좀 더 깊이 살펴보면 사람들이 정말 두려워하는 것이 무엇인지 알 수 있다. 바로 '자신이 무력해지는 것'이다. 누군가를 또는 무언가를 신뢰했으나 실망을 겪고 아무것도 할 수 없게 되는 것. 이러한 무력감이야말로 가장 두려운 요인이다.

하지만 당신은 결코 무력하지 않다는 사실을 기억하라. 우리가 정말 두려워해야 할 것은 자신이 무력하다는 느낌 또는 어떤 일로 인해 무력해질 수도 있다는 느낌이다. 우리는 이러한 착각에 빠지지 말아야 한다. 당신은 결코 상황의 피해자가 아니며 어떤 일이 일어나든 제자리로 돌아올 수 있는 선택지가 있다. 이러한 사실을 인정하려면 용기가 있어야 한다. 그것이 자신의 미래에 대한 책임을 지는 것이다. 우리가 무엇을 믿든, 진정으로 우리를 대신해 책임을 질 사람은 아무도 없다. 그러므로 우리는 스스로 미래에 대한 책임을 져야한다.

두려움의 근간에는 무력감에 대한 두려움이나 희생되는 것에 대한 두려움, 또는 나뭇잎이 바람에 떨어지듯 운명의 바람에 속수무책으로 휩쓸리는 것에 대한 두려움이 있다. 하지만 과연 이것이 상황을 바라보는 합당한 방식일까? 내가 보기에 이것은 어둠을 두려워하는 것이나 마찬가지다. 어둠을 물리칠 가장 좋은 방법은 침대에서 일어나 불을 켜는 것이다. 당신은 모든 세대가 불안을 직면했었고, 불안과 함께 살아왔으며, 불안을 이겨냈다는 사실을 깨달아야 한다. 역경은 두려움의 대상이 아니다. 예상하고, 준비하고, 극복할 대상이다.

진정한 용기를 지닌 사람은 다음과 같은 특징이 있다.

• 두려움에 영향을 받지 않는다. 진정한 용기를 지닌 자들에게 두려움은 보통 사람들과 다른 방식으로 삶에 작용한다.

• 누군가가 자신에게 무슨 짓을 할지, 자신에게 어떤 일이 일어날지 두려워하지 않는다. 진정으로 두려워하는 건 자신의 이상에 따라 살지 않는 것, 행동하지 않고 반응하는 것, 언제나 닿을 수 있는 기회들을 잡지 않는 것이다.

• 다음 주나 다음 해에 어떤 일이 일어날지 또는 일어나지 않을지 두려워하지 않는다. 오늘을, 매순간을 최대한 활용하지 못하는 것을 두려워한다.

• 다른 사람을 지배하려는 충동을 두려워한다. 진정한 용기를 지닌 자들은 다른 사람이 최고가 되도록 도움으로써 사람들을 이끈다.

• 본질보다 겉모습을 중시하는 것, 소통보다 인상을 중시하는

것, 자신을 신뢰하는 사람들보다 자신을 중시하는 것을 두려

워한다.

용기 있는 사람이 가장 두려워하는 건 한 가지뿐이다.
자동차 전조등에 놀란 사슴을 본 적이 있는가? 사슴은 차
가 달려오는데도 마비된 듯 그 자리에서 꼼짝하지 못한다.
진정으로 용기 있는 사람은 사슴처럼 자신이 꼼짝 못하게
되는 것을 두려워한다. 그리고 그런 일이 일어나지 않도록
끊임없이 노력한다. 다시 말해서 진정으로 용기 있는 사람
은 두려움 그 자체 외에는 아무것도 두려워하지 않는다.*

---

*   "우리가 두려워할 것은 두려움 그 자체밖에 없다.There is nothing to fear but
fear itself.", 미국 제32대 대통령 프랭클린 루스벨트Franklin D. Roosevelt

UNSHAKABLE

2
장

정직은
최고의 처세술이다

'정직'과 '무결성'은 확고한 품성을 이루는 두 가지 자질로,
다음과 같이 쉽게 정의할 수 있다.

- 정직: 말과 행동의 상호관계가 분명하다. 거짓말을 하지 않고
  진실을 말한다.
- 무결성: 진정성 있게 말하고 말한 것에 진심을 다한다. "하겠
  다."라고 말한 경우 그것을 꼭 실천한다.

이 두 가지는 가장 명확하고 쉽게 인식할 수 있는 요소
다. 그럼에도 불구하고 현실에서 정직과 무결성을 찾기

란 매우 어렵다. 이는 오랜 옛날부터 변함없는 사실이었다. 고대 그리스의 철학자 데모스테네스Demosthenes는 정직한 사람을 찾아 나섰으나 단 한 명도 찾지 못했다. 그에 비하면 나는 정직한 사람들을 많이 알고 있어 운이 좋다고 할 수 있다. 하지만 내가 만난 비도덕적인 사람들의 숫자와 비교해 보면 나 역시 정직과 무결성이 보기 드문 자질임을 인정한다. 그렇다면 이 두 자질이 희귀한 이유는 무엇일까? 이 물음에 몇 가지 답을 제시하려 한다. 그전에 앞서 두려움을 살펴보는 것으로 용기에 대한 논의를 시작했듯이, 정직한 행동과 완전히 반대되는 모습을 살펴봄으로써 정직에 대한 이야기를 시작하고자 한다.

불편한 진실을 직시해야 한다

거짓말을 하는 것이 매우 심각한 문제로 여겨지던 시절이 있었다. 소송과 법적 강제력을 지닌 계약이 등장하기 전의 이야기다. 당시 거짓말을 하는 것은 매우 심각한 일이었고, 거짓말을 했다고 누군가를 비난하는 것 또한 매우 심각한 문제였다. 오늘날엔 비즈니스 상황에서 거짓말을 하면 변호사를 부르는 것으로 그치겠지만, 지난 수백 년 동안 누군가를 거짓말쟁이라고 부르는 것은 결투(처음에는 칼이, 이후에는 권총이 사용되었다.)를 유발하는 가장 일반적인 방법이었다. '부정직하다'라는 말은 당장 바로잡아야 하는 인신공격으로 여겨졌고, 타인에게 거짓말한 것이 들통날 경우 생길 수 있는 심각한 문제들을 누구나 알고 있었다. 거짓말을 하려면 어느 정도 일종의 어리석은 용기가 필요했다. 하지만 오늘날에는 그런 위험이 전혀 없다. 어떤 사람들은 별생각 없이 항상 거짓말을 늘어놓기도 한다. 대부분의 사람들은 자신이 거짓말을 듣고 있다는 사실을 알고 있으며, 이를 거슬려하면서도 그저 받아들인다. 어쩌면 그들은 자신도 거짓말쟁이가 되기로 마음먹었을지 모른다. 어쨌든 지금은 거짓말 하나 때문에 결투가 벌어지는 일이 거의 없다.

오늘날 사람들이 돈에 대해 느끼는 바도 이러한 부정직한 행동을 대하는 것과 비슷하다. 예전에는 돈이 있거나 없거나 둘 중 하나였다. 물건을 사고 청구서를 받으면 돈을 지불해야 했고 그렇지 않으면 곧바로 문제가 생겼다. 빚을 갚거나 도둑이 되거나, 대안은 두 가지뿐이었다. 빚을 갚지 못하면 말 그대로 목숨을 끊는 사람들도 있었다. 하지만 지금은 그렇지 않다. 많은 사람들이 즉시 빚을 갚는 것에 대해 예전과 같은 개인적 책임을 느끼지 못한다. 무언가를 사기 위해 현금을 지불해야 하는 고통, 무언가를 갖기 위해 다른 무언가를 포기해야 하는 고통 등등, 현재 우리는 신용카드를 통해 그 고통을 무한정 미루고 피할 수 있다. 물론 빚에는 높은 이자가 붙고 갚아야 할 금액은 빠르게 늘어난다. 이자는 지금 당장 원하는 것을 갖기 위해 지불하는 대가다. 하지만 대부분의 사람들은 이자에 대해 생각조차 하지 않는다.

청구서 속 고액의 빚을 지불하는 것이 고통스럽듯이 진

실을 말하는 것 또한 고통스럽다. 실제로 사람들은 빚을 갚는 것과 진실을 말하는 것에 대해 이야기할 때 같은 단어를 사용한다. '계산하다'라는 의미의 라틴어 computare에서 유래된 'account'는 돈 계산 그 자체로만 쓰이다가 거래 내역을 기재한 (외상)장부나 청구서는 물론, 자세한 설명이나 해명까지 그 의미가 확대되었다. 일례로 "be held accountable(책임을 지는 것.).", "account for yourself(스스로를 설명하는 것.).", "call to account(해명을 요구하는 것.)."이라는 표현이 그렇다. 만약 전혀 자랑스럽지 않은 일을 하고 그에 대한 책임을 져야 한다면 어떤 느낌이 들겠는가? 당신은 그 상황을 어떻게 처리하겠는가? 당신을 불편하게 만드는 진실을 설명해야 할 때 어떤 선택을 하겠는가? 이것은 매월 신용카드 청구서가 날아올 때 직면하는 결정의 순간과 비슷하다. 이를 악물고 청구 금액 전액을 지불하는 것은 고통스럽다. 따라서 최소 금액만 지불하고 다음 달까지 고통을 미루는 것이 더 쉬워 보일 때가 많다. 비유하자면, 재정의 진실을 상상 속의 날아다니는 양탄자에 띄워 날려 보내는 것이다. 물론 그것은 부메랑처럼 언젠가 돌아와 당신의 뒤통수를 때릴 것이다.

품성의 파산을 피하는 법에 대해 몇 가지 조언하고자 한다. 윤리적 부채를 상환하고, 무결성을 흑자로 유지하며, 추악한 현실이 드러나는 즉시 진실을 직시하라. 회피하려는 유혹이 느껴지면 즉시 저항하라. 그러한 유혹을 대수롭지 않게 여기지 마라. 부엌에 불이 난 것처럼 생각하라. 당신은 집이 다 타 버리거나 앞이 보이지 않을 정도로 연기가 가득 차기 전에 그 불을 꺼야 한다. 윤리적 자본이 바닥날 때 그런 일이 일어날 것이며, 당신은 자기 자신이 어디로 가고 있는지 더 이상 알 수 없게 될 것이다.

부정직한 행동과 신용으로 물건을 사는 것의 또 다른 공통점은 둘 다 중독성이 있다는 점이다. 둘 다 실행하기 매우 쉬우며 더 많은 것을 원하게 만든다. 중독 행동은 문제에서 단기적으로 벗어날 수 있는 간단한 탈출구를 제공한다. 하지만 시간이 갈수록 그 탈출구는 점점 더 복잡해진다. 다시 말해, 거짓말은 하면 할수록 매우 복잡해진다. 거짓말을 잘 하려면 기억력이 아주 뛰어나야 한다. 처음에 했던 거짓말과 앞뒤가 맞도록 더 많은 거짓말을 만들어 내야 하기 때문이다. "처음 거짓말을 할 때 우리는 얼마나 복잡하게 얽힌 거미줄을 짜는가."라는 셰익스피어의 말대로다.

당신은 내 말이 다소 지나치다고 생각할 수도 있다. 오해하지 말길 바란다. 누가 내게 "안녕하세요, 오늘 어때요?"라고 물었을 때 "네, 솔직히 말하면 손가락이 아프고, 어젯밤에는 두통이 있었어요. 그리고 발도 조금 아프네요."라는 식으로 모든 상황에서 오직 진실만을 말하라는 게 아니다. 나는 진실을 지키는 동시에 약간의 유연성이 필요할 때가 많다고 생각한다. 이 부분에 대해서는 뒤에서 더 논의할 것이다. 하지만 노골적인 거짓말, 계획적인 거짓말, 저의를 품은 거짓말, 사적인 이익을 위한 거짓말은 반드시 피해야 한다.

가짜 거짓말 vs. 진짜 거짓말

오늘날에는 진실성을 위협하는 요인들이 너무나 많다. 따라서 어리석은 거짓말과 품성에 독이 되는, 그야말로 악한 거짓말을 명확히 구분해야 한다. 과시, 허세, 아첨, 자랑 등은 우리 주변을 항상 맴돈다. 이것은 감기에 걸리는 것처럼 언제든지 우리에게 영향을 미친다. 그러나 이러한 요소들이 전인격whole personality을 형성하는 것이 아니라면 대체로 해롭지 않다. 예를 들어, 당신은 이웃과 미식축구 경기를 보며 고등학교 때 터치다운을 성공시킨 적이 있다고 말한다. 사실 다른 선수가 했는데도 말이다. 하지만 이것은 전혀 해롭지 않다. 다른 예를 들어 보자. 당신은 ○○기업의 회장을 실제로 알지 못한다. 그저 한 번 소개받았을 뿐이다. 그러나 당신이 좋은 인상을 주려고 애쓰고 있는 한 고객은 그 회장과 악수조차 나눠 보지 못했다. 당신은 이전의 경험을 부풀려 고객에게 점수를 얻으려 한다. 이것 역시 전혀 해롭지 않다. 또 다른 예로, 당신은 광고 회사의 크리에이티브 디렉터가 아닌 카피라이터다. 하지만 피닉스로 가는 비행기에서 당신 옆자리에 앉은 여성은 그 차이를 결코 모를 것이다. 이것은 해롭지 않다. 언젠가 그녀가 당신의 사무실에 오는 일만 없다면 말이다. 어쨌든 당신은 되든 안 되든 그녀에게 호감을 표시할 것이고 결국 허풍만 늘어놓을 것이다. 이런 상황들은 조금 전 언급한 신용카드 사용 매커니즘과도 비슷하다. 반대로 과시하는 경우도 있다. 즉 자신의 검소함을 자랑하거나, 가난을 강조하거나, 과시하지 않는 태도를 과시한다. 실제로 이런 일이 점점 더 흔해지고 있다. 이는 모두 유치한 잡담에 불과하며 대부분 저절로 생겨나는 현상으로, 꼭 정직하지 않아도 된다는 사회적 압력에 굴복하는 순간 발생한다.

중요한 것은 이런 종류의 허풍과 아첨이 '진짜 거짓말'과 구별되어야 한다는 점이다. 진짜 거짓말은 신용카드를 긁는 것이 아니라 도둑질과도 같다. 진짜 거짓말의 핵심은 사전 계획이 있다는 것이다. 예를 들어, 관리자가 부하 직원의 아이디어를 훔쳐 CEO에게 공로를 인정받는 경우, 하나의 사슬을 이루는 일련의 사건들이 발생한다. 그 사슬에서 다양한 연결 고리를 거치며 속임수를 이어가는 것은 의식적인 결정이다. 이러한 거짓말은 그야말로 도둑질이다. 이것은 부하 직원의 아이디어를 훔친 것일 뿐만 아니라, CEO의 현실 감각을 훔친 것이기도 하다. 거짓말을 통해 착각을 만들어냈기 때문이다. 또 다른 예로, 기업의 주가를 부풀리기 위해 수익 보고서를 조작한다면 이는 투자자들의 마음속에 의도적으로 신기루를 만들어 낸 것이나 다름없다. 이러한 두 가지 사례는 현실 세계에서 종종 일어난다. 그리고 많은 경우 타인의 인생과 경력을 망치곤 한다. 그동안 내가 경험한 바에 따르면, 심각한 거짓말과 비윤리적인 행동을 하는 사람들은 어떻게든 덜미가 잡힌다. 하지만 그들이 잡히지 않는다 해도 거짓말에 속고 있던 대부분의 사람들은 이내 자신에게 강요된 환상에서 깨어난다. 한편 범죄자는(나는 이 말이 너무 심하다고 생각하지 않는다.) 자신이 만든 환상에 너무 깊이 빠져 현실 감각이 약화된다.

사소한 거짓말과 큰 속임수, 이것은 모두 '두려움'에서 비롯된다. 어떤 사람들은 만족스럽지 않은 자신의 모습을 마주하는 것이 두려워 진실에서 벗어난다. 어떤 사람들은 자신만의 아이디어를 내놓지 못하는 것이 두려워 남몰래 다른 사람의 아이디어를 훔친다. 또 어떤 사람들은 회사가 성공하지 못할 것을 두려워해서 주가를 부풀린다. 이것은 정말 비겁한 행동이다. 진정한 용기는 '두려워할 만한 것을 마땅한 때에 마땅한 모습으로 두려워하는 것'임을 기억하라. 자신이 누구인지, 무엇을 했는지 또는 무엇을 하려 하는지를 거짓으로 꾸미려는 유혹을 두려워하라. 자신의 진짜 모습을 믿어라. 다른 사람의 존경을 받을 수 있는 자신의 능력을 믿어라. 진실의 대가가 무엇이든 그것을 지불하라. 장기적으로 볼 때 지금 대가를 치르는 것이 가장 싸기 때문이다.

부정직한 행동은 숨길 수 없다

회사나 가정에서 리더의 위치에 있는 경우, 정직과 무결성의 중요성은 돈이나 집 등에 비할 바가 아니다. 정직과 무결성은 그 어떤 것보다 훨씬 더 중요하며 공기, 음식, 물만큼이나 필수적이다. 특히 리더에게 정직과 무결성은 생존과 성공에 절대적으로 필요한 핵심 요소다.

비즈니스에서의 리더십

수많은 사업가들은 직원들이 자신을 얼마나 면밀히 지켜보고 있는지 깨닫지 못한다. 중학생 시절을 기억하는가? 종일 선생님만 바라보며 지내지 않았는가? 한 학년이 끝날 무렵, 당신은 선생님의 버릇을 완벽하게 흉내 낼 수 있었을 것이다. 또 선생님의 목소리에서 아주 사소한 뉘앙스까지 파악했을 것이다. 학교에서 5년 또는 10년을 보낸다고 하자. 당신이 선생님에 대해 모르는 것이 있겠는가? 직장에서도 마찬가지다. 의미의 수준을 구분할 수 있는 작은 단서들은 비즈니스에서 허풍과 진짜의 차이를 알 수 있게 해 준다. 이는 8~9개월 정도 관찰하면 파악할 수 있는 부분이다. 만약 당신이 관리자라면, 직원들은 당신에 대해 모르는 것이 없을 것이다. 당신이 직원들에게 공정하고 솔직하지 않았다면, 직원들은 당신이 관리자로서 제 역할을 하지 못했다고 생각할 것이다. 당신이 스스로 관리자로서 무난히 해냈다고 믿는다면, 사실 직원들은 당신을 두려워하고 있을 수도 있다. 이것은 그 자체로 문제다. 이처럼 부정직한 행동은 숨길 수 없다. 그것은 리더의 권위를 즉시 약화시킨다. 어떤 조직이든 직원들은 자신의 리더를 믿고 싶어 한다. 직원들에게 당신을 신뢰할 이유를 제시하면 그들은 다른 생각을 할 이유를 찾지 않는다. 그리고 부정적인 자질을 인식하는 것과 마찬가지로 당신의 긍정적인 자질을 인식한다.

미국 중서부 지역의 한 회사에서 몇 년 전 이런 일이 있었다. 신입 직원의 아내는 출산 과정에서 합병증을 겪었다. 이로 인해 병원비가 1만 달러 넘게 청구되었으나 의료

보험이 적용되지 않았다. 이 직원은 입사한지 얼마 되지 않았고 아내가 임신한 것은 입사 전의 일이었기 때문이다. 절실했던 직원은 CEO를 찾아가 의료보험 담당자에게 이야기해 줄 것을 요청했다. CEO는 직원의 요청을 들어주었고 의료비 청구서는 취소되었다. 이후 신입 직원이 동료들에게 CEO가 보험사에 영향력을 너무 쉽게 행사했다고 말하자 동료들은 고개를 저으며 웃었다. 사실은 CEO가 사비로 직원의 병원비를 지불했던 것이다. 이 모든 일이 조용히 이루어졌음에도 불구하고 모두가 이 사실을 알고 있었다.

이처럼 무결성을 지키는 행동 또한 모두에게 분명히 드러난다. 리더의 위치에 있다면 자신이 어떻게 보일지 선택할 수 있다. 당신은 이렇게 보일 수도, 저렇게 보일 수도 있다. 그 선택에서 실수를 저지르지 마라.

가정에서의 리더십

가정에서의 리더십은 정직과 무결성에서 훨씬 더 높은

기준이 요구되며 위험 또한 더 높다. 비즈니스 시장이라면 당신은 불만을 품은 직원들을 교체하고 다시 시작할 수 있다. 아니면 스스로 새로운 일자리를 찾을 수도 있다. 하지만 가족은 그렇게 할 수 없다.

사람들은 자녀의 사진을 책상에 올려 두거나 지갑에 넣어 다닌다. 자녀의 모습을 떠올리기 위해서? 사람들에게 자녀를 자랑하기 위해서? 아마 그런 이유도 있을 것이다. 하지만 사람들이 자녀의 사진을 가까운 곳에 두는 더 중요한 이유가 있다. 바로 결정을 내릴 때 자신에게 무엇이 걸려 있는지 상기하기 위해서다. 우리는 매일 그러한 결정을 수도 없이 내린다.

당신이 알아채지 못하더라도 아이들은 훌륭한 도덕 철학자다. 특히 사춘기에 접어들면 더욱 그렇다. 아이들은 권위자, 즉 부모에게서 위선, 허위, 무결성의 결여를 찾아내 폭로한다. 아이들이 그런 것에 얼마나 엄격한지 무서울 정도다. 하지만 그것은 아이들의 진정한 의식적 결정이 아니다. 성장 과정에서 필요한 단계일 뿐이다. 아서 밀러Arthur

Miller의 위대한 희곡 《세일즈맨의 죽음Death of a Salesman》에서 아들은 아버지의 부정직한 모습을 단 한 번 봤을 뿐인데 아버지에 대한 믿음을 완전히 잃어버린다. 이것이 과장된 이야기라 생각하겠지만, 실제로 부모가 한 번 도덕적 권위를 잃으면 그것을 되찾기란 매우 어렵다. 연구에 따르면 아이들은 많은 것을 아주 잘 이해한다고 한다. 예를 들어, 아이가 좋아하는 장난감을 실수로 밟더라도 그 일을 무시하지 않으면 금방 용서받을 수 있다. 일자리를 잃어 가족이 이사를 해야 한다면 아이들은 변화된 환경에 적응할 것이다. 부모가 잘 지내지 못하고 이혼하기로 결정하는 경우 대부분의 아이들은 그것을 감당할 수 있다. 하지만 부모의 부정직한 행동은 받아들이지 못한다. 부정직은 용서받기까지 수년이 걸릴 수도 있다.

같은 선상에서, 무결성을 갖춘 사람이라면 자녀에게 무결성을 쉽게 가르칠 수 있다. 그리고 자녀는 당신을 선생님으로 쉽게 받아들일 것이다. 이것은 좋은 기회인 동시에 막중한 책임이기도 하다. 당신은 아이들이 진실을 말하도록, 즉 진정성 있게 말하고 말한 것에 진심을 다하도록 가르쳐야 한다. 무결성이 생명을 구해줄 것이라고 장담할 수는 없지만, 오늘날 무결성은 살아가는데 있어 매우 중요한 기술 중 하나다. 그러나 그 점에 대해 아이 스스로 납득하기는 어려울 것이다. 마치 미 해군에서 대잠 항공기를 조종하던 한 남자처럼 말이다. 그는 주로 바다 위로 장거리 비행을 했다. 어느 날 그는 다가오는 폭풍을 피해 비행을 해야 하는 까다로운 상황을 맞닥뜨렸다. 자동조종장치를 통해 문제를 해결할 수 없다는 걸 알게 되자 상황은 더욱 어려워졌다. 하지만 그는 그리 도움이 되는 것 같지 않다고 생각했던 훈련의 일부 과정을 통해 폭풍우를 통과할 수 있었다. 이처럼 자녀 앞에서 무결성을 실천하고 그대로 가르치는 것보다 더 중요한 일은 없다. "할 수 있는 사람은 하고, 할 수 없는 사람은 가르친다."라는 옛말이 있다. 하지만 스스로 정직하지 않다면 정직을 가르칠 수 없다. 스스로 무결성을 실천하지 않는다면 무결성을 가르칠 수 없다. 정말 간단한 원리다.

정직이 언제나 완벽한 정답은 아니다

앞서 진실을 지키는 동시에 어느 정도의 유연성이 필요할 때가 있다고 언급했다. 이제 그 부분에 대해 살펴보자. 일관성을 지키기 위해 모든 상황에서 자신이 본대로 언제나 정확한 진실만을 말해야 한다고 주장하는 것은 매우 그럴 듯하다. 하지만 오랜 세월 현실의 온갖 풍파를 겪으면서 나는 세상이 그렇게 단순하지 않음을 알게 되었다. 셰익스피어는 자신이 만든 캐릭터 중 한 명에 대해 이렇게 썼다. "누구에게나 결점은 있기 마련이며, 그의 경우 정직하다는 게 결점이다. 그는 현명하기보다 정직하다."

허풍과 계획적인 부정직이 서로 다른 것처럼, 유연하게 대응하는 것과 거짓말을 하는 것 또한 다르다. 그 차이를 어떻게 알 수 있는가? 당신의 직감이 알려 줄 것이다. 나는 대부분의 사람들이 성인이 될 무렵이면 매우 정확한 윤리적 잣대를 갖게 된다고 생각한다. 그 잣대가 알려 주는 것을 무시할 수도 있지만, 그럼에도 불구하고 윤리적 잣대는 우리 안에 존재한다. 직장이나 가정에서 리더의 역할을 맡고 있는 경우 어느 정도 진실을 과장하는 것을 정당화하는 상황이 적어도 한 번쯤은 있을 것이다. 바로 직원이나 가족에 대한 열정을 과장해야 하는 상황이다. 이때, 당근은 아주 많이, 채찍은 아주 적게 사용해야 한다. 즉, 다른 사람들과 잘 지내기 위한 비결은 한 가지를 비판하려면 적어도 세 가지를 칭찬하는 것이다.

이렇게 진실을 과장하면 존경을 잃게 될까? 그렇지 않다. 본심을 보기 좋게 약간 포장하면 생산성과 업무 효율을 높일 수 있고, 구성원의 사기가 증진되고, 더 좋은 관계로 발전할 수 있다. 이러한 결론은 수많은 행동 과학 연구를 통해 입증되었다. 칭찬은 세상에서 가장 효과적인 티칭 및 리더십 도구 중 하나다.

미국 미식축구리그^{NFL, National Football League} 팀 중 하나인 그린베이 패커스^{Green Bay Packers}의 감독이었던 빈스 롬바디 ^{Vince Lombardi}는 엄하고 강한 성격을 지닌 사람으로 평가받는다. 하지만 그는 사람들의 자부심을 높이는 것이 중요하다는 사실을 알고 있었다. 롬바디 감독은 스카우트 팀이 데려온 쿼터백에게 1군 수비를 상대로 패스할 것을 지시했다. 이 어린 선수는 감독에게 깊은 인상을 남기고 싶었다. 서너 번의 패스가 이어졌으나 선수는 좋은 인상을 남기지 못했고, 롬바디는 매우 못마땅해 보였다. 롬바디는 초라해진 선수를 한쪽으로 데려갔다. "뭐하는 거지? 팀을 망치려는 건가?" 그러나 롬바디는 단순히 다그치는 것에서 멈추지 않고 "인터셉트한 공을 던져. 그 다음…."이라고 다시 기회를 주었다. 선수는 감독의 지시대로 공을 던지기 시작했다.

이 같은 상황을 두고 코칭 수완이라고 할 수도, 심리 작용이라고 할 수도, 그저 듣기 좋은 칭찬이라고 할 수도 있다. 하지만 이것이 사람들에게서 최고의 성과를 이끌어 내는 경우가 많다. 인간의 상호작용이라는 기계가 원활히 작동하게 만드는 일종의 윤활유인 셈이다. 정직이 최선의 정책이지만, 때로는 조금 덜 정직한 것이 더 나을 때도 있다.

스스로에게 정직해야 한다

다른 사람을 대할 때 정직과 무결성이 얼마나 중요한지 살펴보았다. 이제 그러한 특성이 스스로에게서 의미하는 바를 중점적으로 살펴보며 이 장을 마무리하려 한다. 그러기 위해선 인지 부조화cognitive dissonance라는 임상 심리학 용어가 도움이 될 것이다. 간단한 사례를 통해 인지 부조화의 의미를 알아보자.

개인 재무 계획 전문가인 한 남자가 있었다. 그는 생명 보험, 신탁 펀드, 다양한 모기지 상품 등에 대해 자문을 제공하며 높은 소득을 올렸다. 특히 빚에 허덕이는 개인들을 돕는 데 사업의 상당 부분을 할애했다. 그들은 신용카드를 자르고 소비 대신 저축을 시작해야 하는 사람들이었다. 때로는 파산을 선언하고 다시 시작하는 것 외에 대안이 없는 경우도 있었다. 어느 날 그가 사업을 그만두겠다고 선언했다. "더 이상 압박감을 견딜 수 없습니다. 스트레스가 너무 심해요." 재정적 어려움에 처한 사람들의 문제를 계속해서 마주하는 것은 분명 스트레스가 매우 큰 일이다. 매일같이 그들과 문제를 해결해 나가야 하기 때문이다. 그러나 예상과 달리 그는 놀라운 사실을 고백했다. "사실 재정적 어려움에 처한 것은 바로 접니다. 모든 게 밀렸어요. 자동차 할부금까지요. 부채의 위험성에 대해 사람들에게 종일 떠들고 나면 더 이상 거울을 볼 수가 없습니다." 이 남성은 극단적인 형태의 인지 부조화를 겪고 있었다. 즉, 두 가지 상반되는 자신의 이미지를 머릿속에 담은 채 살아가려고 애썼다. 그로 인한 압박감은 그가 모든 에너지를 탕진하게 만들었다. 그는 근본적으로 좋은 사람이며 옳은 일을 해야한다는 믿음을 갖고 있었다. 하지만 그것이 문제였다. 그는 자신이 거짓된 삶을 살고 있음을 알고 있었고, 그 스트레스가 결국 그를 짓눌렀다.

자신이 거짓된 이미지를 세상에 심어 주고 있다는 사실에 죄책감을 느끼는 고위 관리자와 전문가들이 얼마나 많은지 알게 되면 당신은 깜짝 놀랄 것이다. 체면 유지의 필요성, 동료와의 경쟁, 매년 더 발전해야 한다는 압박감, 이 모든 것이 가면을 쓰도록 부추긴다. 이것은 자기 자랑이나 과시에 대한 이야기가 아니다. 자신이 세상에 말하는 것과 스스로에 대해 알고 있는 진실이 분열되는 것을 말한다. "이 세상은 연극 무대."라는 셰익스피어의 작품 속 대사처럼 우리는 모두 어느 정도 자신의 배역을 연기한다. 하지만 정직과 무결성을 실천하면 인생을 훨씬 더 쉽게 살아갈 수 있다. 바로 이 부분에서 윤리학과 심리학이 겹쳐진다. 인지 부조화를 최소화하는 것은 옳은 방향일 뿐만 아니라 장기적으로 마음이 더 편안해지는 방법이기도 하다.

우리는 부정직하거나 비윤리적인 행동으로 성공한 사람들을 알고 있다. 나는 어릴 때, 그런 사람들은 없다고 생각했지만, 나이가 들면서 그렇지 않다는 것을 깨닫게 되었다. 더불어 부정직한 이득이 장기적으로 어떤 결과를 가져오는지 알게 됐고, 결국 어떤 보상도 얻지 못한다는 사실을 이해하게 됐다. 나는 의심스러운 사업 전략으로 수백만 달러를 벌어들였지만, 건강 문제가 생기는 사람들을 다수

보았다. 거액의 수표를 현금화하기 위해 친구나 사업 파트너를 배신한 사람들도 보았다. 그들은 결국 실제 나이보다 20년 이상 늙어 보이는 지경에 이르렀다. 눈을 크게 뜨고 지켜보라. 그러면 이것이 사실임을 알게 될 것이다.

"부정직한 이득을 바라면 손실이 생기기 시작한다."라는 옛말이 있다. 나는 이것이 금전적 손실을 뜻하는 것이 아니라 자존감의 손실을 뜻한다고 생각한다. 세상의 모든 물질을 가질 수 있지만 자신에 대한 존중을 잃는다면 무엇을 가질 수 있겠는가? 성공을 이루고 그것을 누릴 수 있는 유일한 방법은 자신이 한 일에 자부심을 갖고 정직하게 얻는 것이다. 이것은 단순한 설교가 아니라 매우 실질적인 조언이다. 이 조언을 마음에 새기고 실천하기 바란다.

UNSHAKABLE

3
장

꾸준함은
모든 것을 이긴다

순종 경주마를 키우는 남성이 있었다. 그는 '클래스class'라
는 단어를 즐겨 사용했다. 그는 어떻게 해서 클래스가 있
는 말이 되고 클래스가 없는 말이 되는지, 그리고 그 클래
스가 경주에서 어떤 차이를 만들 수 있는지에 대해 이야기
하곤 했다. 나는 그의 주장이 이해되지 않았다. 클래스가
있든 없든 가장 빨리 달릴 수 있는 말이 이긴다고 생각했
기 때문이다. 그렇다면 그가 강조했던 '클래스'라는 단어가
의미한 것은 무엇일까? 이 남성에 따르면 클래스란 예비
에너지를 발휘하는 것이며, 경주에서 아무리 많은 시련이
있어도 극복하는 능력이다. 클래스는 지치지 않는다는 뜻

이 아니라 '지친 것을 드러내지 않는다.'라는 뜻이다. 클래스는 이따금 그만두고 싶은 유혹이 전혀 없다는 뜻이 아니라 '실제로 그만두지 않는다.'라는 뜻이다. 결국 경주의 마지막 구간에서 이 클래스가 차이를 만들어 낸다.

이 장의 키워드는 끈기다. 하지만 클래스가 될 수도 있었다. 어떤 단어를 사용하든 그것은 확고한 품성을 이루는 매우 중요한 요소다. 나는 우리가 재능을 성공의 결정적 요인으로 강력히 믿은 탓에 최근 몇 년 동안 끈기의 중요성을 다소 간과한 것이 아닌가 생각한다. 예를 들어, 학교에서는 소위 영재를 위해 수많은 특별 프로그램을 운영한다. 이 프로그램들은 보통 1학년부터 시작하는데, 테스트를 통해 아이에게 재능이 있는지 없는지 결정한다. 아이에 대한 기대는 특정 테스트 결과에 따라 달라지며, 스스로에 대한 아이의 기대 또한 달라진다. 물론 재능보다 꾸준한 노력을 더 중요하게 여기는 교육 시스템도 있다. 그리고 최근 들어 그러한 시스템에서 놀라운 진전이 생겨나고 있다. 나는 어떤 재능과 소질이 있든 끈기를 면밀히 살펴보는 것이 중요하다고 생각한다.

끈기는 명확한 목표로부터 나오며, 명확한 목표는 확실한 이유로부터 나온다

운전이나 악기 연주를 배우는 것처럼 클래스 즉, 끈기를
배울 수 있을까? 나는 대체로 끈기는 배울 수 있다고 생각
한다. 그리고 끈기를 배우는 데 도움이 되는 매우 효과적
인 기법들이 있다. 끈기를 기르는 데 이용할 수 있는 가장
중요한 도구는 도전적이고, 현실적이며, 큰 보람이 있는
'구체적인 개인 목표들을 적는 것'이다.

목표는 진정으로 성공을 지향하는 사람에게 매우 중요
하다. 목표가 없다면 그저 이것저것 찔러보는 것에 불과하
다. 목표지향적인 사람과 목표가 없는 사람의 차이는 윔블
던 챔피언과 아무도 없는 코트에서 이리저리 공을 치는 어

린아이의 차이와 같다. 목표 설정의 중요성을 강조한 수많은 책들이 있지만 그것을 실천하는 사람은 거의 없다. 놀랍게도 대부분의 사람들은 자신의 인생을 계획하는 것보다 2주 휴가를 계획하는 데 더 많은 시간과 노력을 쏟는다.

도전은 확고한 품성을 만들며, 목표는 가장 긍정적인 형태의 도전을 나타낸다. 뛰어난 리더는 조직과 가정의 목표뿐만 아니라 개인의 목표 또한 명확히 세운다. 사실 리더의 주요 책임 중 하나는 스스로 목표를 정의할 수 없는 대다수의 사람을 위해 목표를 정의하는 것이다. 나는 이 책을 통해 수년 동안 개발해 온 효과적인 목표 설정에 대한 아이디어를 공유하고자 한다. 더불어 일반적으로 언급되지 않지만 반드시 살펴보아야 할 목표 지향적 행동의 함정 또한 몇 가지 짚어 보고자 한다.

어린 시절, 나는 기차표를 사서 무작정 어디론가 가는 것을 꿈꾸곤 했다. 어디로 갈지, 어떻게 갈지에 대해서는 생각하지 않은 채 그저 기차에 올라 어딘가로 떠난다고 상상하는 것을 좋아했다. 그 생각은 여전히 매력적인 부분이 있다. 하지만 그것은 성숙한 인간으로서 인생을 살아가는 방법은 분명 아니다. 보통은 자신이 어디로 가려는지 정확히 알고 기차표를 살지 비행기표를 살지 결정한다. 이때, 다른 도시에서 비행기를 갈아타야 할 수도, 항공편이 취소될 수도 있다. 또 옆 자리에 앉은 사람과 이야기하고 싶지 않을 수도 있다. 하지만 당신은 목적지를 향해 계속 나아갈 것이다. 당신은 어디로 가는지 알고 있으며 그곳에 가려는 확고한 결심이 있기 때문이다. 이것이 가장 단순한 형태의 목표지향적 행동이다.

목표에는 단기 목표와 장기 목표가 있다. 장기 목표는 중요한 여정에 해당한다. 장기 목표를 달성하는 지점에 도달하면 인생이 근본적으로 바뀔 것이다. 그리고 그 지점에 도달하기 위해 노력하는 과정을 통해 당신은 지금보다 더 강하고, 더 현명하고, 더 높은 성과를 달성하는 사람으로 변화할 것이다.

장기 목표

그렇다면 장기 목표를 어떻게 확인할 수 있을까? 다음의 다섯 가지 항목을 종이에 적어보자.

1. 나는 무엇을 하고 싶은가?

2. 나는 무엇이 되고 싶은가?

3. 나는 무엇을 보고 싶은가?

4. 나는 무엇을 갖고 싶은가?

5. 나는 어디에 가고 싶은가?

이제 항목별로 실현 가능성 있는 장기 목표를 몇 가지 적어보자. 편하게 생각하라. 머릿속에 떠오르는 대로 각 항목에 대해 3~6개의 아이디어를 생각하라. 여기서는 세부 사항에 대해 걱정하지 마라. 그리고 특정 목표를 설명하는 데 너무 많은 시간을 들이지 마라. 예를 들어 첫 번째 항목, '나는 무엇을 하고 싶은가'에서 가족의 역사에 대한 책을 쓰고 싶다고 해 보자. 첫 번째 항목에 '가족사'라고 적는다. 그 다음 질문 목록을 살펴보다가 오래 전부터 이집트의 피라미드를 보고 싶어 했다는 걸 떠올린다. 그래서 이번에는 '피라미드'라고 적는다. 이렇게 항목들을 보며 영감이 떠오른다면 계속 아이디어를 적어라. 당신은 아마 떠오르는 생각들에 깜짝 놀랄 것이다. 당신의 마음속에는 수많은 열망과 바람이 있지만, 깊이 숨겨져 평소에는 보이지 않았을 것이다. 하지만 그것을 적으면 의식 위로 끄집어내게 된다. 이것은 이 기법으로 얻는 이득 중 하나다.

장기 목표를 충분히 적었다면 목표 목록을 다시 한번 읽어본다. 그 다음 각 항목 옆에 목표를 달성하는 데 몇 년이 걸릴지 숫자를 적는다. 숫자는 1년, 3년, 5년, 10년으로 반올림하는 것이 좋다. 예를 들어, 가족사에 관해 조사하고 책을 집필하는 일은 10년이 걸릴 것으로 예상된다. 하지만 피라미드에 가는 것은 5년밖에 걸리지 않을 것이다. 각각의 장기 목표에 대해 이와 같이 기간을 정하라. 달성하는 데 1년이 채 걸리지 않는 즉각적인 목표도 있을 것이다. 이 부분에 대해서는 뒤에서 따로 다룰 것이다.

기간을 모두 적고 나면 목표들을 균형 있게 배분해야 한다. 1년이나 3년짜리 목표가 많고 10년짜리 목표가 별로 없다면 인생에서 진정으로 원하는 것이 무엇인지 더 생각해 보아야 한다. 당신은 장기적으로 어떤 인생을 진정 이루고 싶은가? 반면 10년짜리 목표가 많고 그보다 짧은 기간의 목표가 상대적으로 적다면, 당신은 목표를 미루고 있는 것일 수도 있다. 즉, 미래에만 지나치게 집중하고 지금 당장 이룰 수 있는 목표에 충분히 집중하지 않는 것이다. 목표 목록을 계속해서 검토하고 수정하라. 목표 달성 기간이 균형 있게 배분될 때까지 다양한 기간의 목표를 추가하고 제외하라.

이제 정말 어렵고 흥미로운 과정이 남았다. 지금까지는 목표를 추가하기만 했으나 이제 선택을 해야 할 차례다. 단지 재미있을 만한 목표가 아닌, '정말 중요한 목표는 무엇인가?'라고 스스로에게 질문하라. 1년, 3년, 5년, 10년 각 기간별로 네 가지 목표를 선택하라. 이제 간략하게만 작성된 총 16가지 목표가 정해졌을 것이다. 이어서 마음의 눈으로 각 목표를 아주 '선명하게' 살펴보자. 각 목표가 바로 지금 실현된 것처럼 상상해 보는 것이다. 그런 후에 당신이 본 것을 자세히 적어 보자. 3년 뒤 수제 가구점을 열 계획인가? 가구점은 밖에서 볼 때 어떤 모습인가? 창문에 금박을 입힌 글자가 장식되어 있는가? 아니면 문 위에 간판이 걸려 있는가? 매장 넓이는 얼마나 되는가? 매장 앞쪽에는 쇼룸이 있고 뒤쪽에는 작업 공간이 있는가? 아니면 다른 장소에서 가구를 만드는가? 직원을 고용할 것인가? 당신 혼자 운영할 것인가? 명확하게 답해야 하는 모든 질문들을 생각해 보라. 그리고 관련된 정보를 공책에 적어 보라. 이 공책은 당신에게 가장 중요한 물건 중 하나가 될 것이다.

아직 끝이 아니다. 목표는 확실한 이유가 있어야만 강력한 동기요인으로 작용한다. 당신은 왜 목표를 달성하고 싶은가? 왜 수제 가구점이나 전용기, 또는 버몬트주 작은 마을의 신문사를 갖고 싶은가? 왜 트라이애슬론 경기에 나가고 싶은가? 왜 호주 오지에 가고 싶은가? 왜 가족 중 처음으로 박사 학위를 따고 싶은가? 앞서 작성한 세부 설명과 비슷한 수준으로 각 목표의 상세 이유를 적는다. 16가지 목표에 대해 명확하고 설득력 있는 이유를 찾을 수 없다면 목표를 진지하게 재평가하라. 진정한 목표가 아닌 변덕스러운 생각이나 몽상을 목표로 정했을지도 모른다. 이제 그것을 찾아낼 차례다.

가시적이고 강력한 동기를 제공하는 16가지 장기 목표가 정해질 때까지 목표 목록을 계속해서 검토하고 수정하라. 적은 내용을 정기적으로 검토하고 목표 달성의 진척도를 파악하라. 무엇보다도 끈기를 가져라. 목표 설정은 매우 중요한 첫 번째 단계이나 목표 달성은 평생 이어지는 끊임없는 과정이다. 목표 달성이 그토록 어렵고 도전적인 것은 끈기가 필요한 과정이기 때문이다. 마침내 장기 목표를 달성했을 때 큰 보상을 얻는 것 또한 바로 이 때문이다.

단기 목표

달성하는 데 하루에서 1년이 걸리는 즉각적인 목표의

경우, 1개월 내에 달성할 수 있는 많은 세부 목표를 세우는 것이 좋다. 목표를 적어 두고 자주 읽어 보라. 그리고 진척도를 파악하라. 이러한 초단기 목표에 가까워지게 해 주는 일을 자주 하라. 그러면 언제나 기념할 일이 있을 것이다. 초단기 목표는 그 자체로 중요할 뿐만 아니라, 끈기와 성취를 기반으로 한 생활 방식을 구축하도록 자신감을 북돋우고 동기를 유발한다.

성공, 리더십, 목표 설정의 근본적인 중요성을 강조하며 이 논의를 마무리하려 한다. 더불어 자동차에 연료가 중요하듯 목표 달성에도 끈기가 중요하다는 사실을 강조하고 싶다. 진척 없이 제자리걸음만 하는 것처럼 느껴질 때도 물론 있겠지만, 당신은 진정한 끈기를 발휘하여 타성惰性에서 벗어나야 한다. 끈기가 없으면 엔진에 시동조차 걸 수 없다. 그러한 상황과 그 상황을 피하는 방법에 대해서는 다음 주제에서 살펴보자.

끈기를 촉진하는 방법

끈기는 절대 그만두지 않는 것을 의미한다. 끈기의 반대는 '미루기'다. 미루기는 보통 시작하지 않는 것을 뜻한다. 나는 무언가를 완료하지 못하는 것 또한 미루기의 한 형태라고 생각한다. 사람들에게 어째서 미루는지 물어보면 흔히 이런 대답을 한다.

"저는 완벽주의자예요. 일을 시작하기 전에 모든 것이 제대로 되어 있어야 하죠. 주의를 산만하게 하는 요소가 없어야 하고, 너무 시끄럽지 않아야 하고, 전화 때문에 방해받지 않아야 해요. 물론 신체적으로 컨디션도 좋아야 하고요. 두통이 있을 땐 일을 할 수 없어요."

"저는 결코 만족하지 않아요. 저는 제 자신에게 가장 가혹한 비평가예요. 모든 것을 꼼꼼히 살피지 않으면 다했다고 생각할 수가 없어요. 그게 제 성격이고 이건 절대 변하지 않을 거예요."

이렇듯 미루기의 다른 측면인 완료하지 못하는 것에 대

해서도 완벽주의를 내세워 설명한다. 여기서 어떤 일이 일어나고 있는지 아는가? 결점이 장점으로 포장되고 있다. 완벽주의자는 자신의 기준이 세상에 비해 너무 높다고 말한다. 이렇게 결점을 장점으로 포장하는 태도는 사람들에게 자신의 약점을 숨기기 위한 방어 수단이다. 그러나 결국 이것은 매우 그럴싸한 변명일 뿐, 미루는 습관의 진짜 이유와는 아무 관련이 없다.

미루기의 진짜 이유는 '실패에 대한 두려움'이다. 면밀히 살펴보면 극단적인 완벽주의의 정체는 바로 두려움이다. 어떤 두려움이든 당신은 '두려움'이라는 이름하에 마비된다. 그렇다면 완벽하지 않은 것에 대한 두려움은 다른 두려움과 어떻게 다른가? 즉, 시작하지 않는 것이나 끝내지 못하는 것은 다른 두려움과 어떻게 다른가? 바로, 그 자리에 갇힌 채 아무 데도 가지 못한다는 것이다. 당신은 앞에 놓인 과제에 압도된다. 뿐만 아니라 비판받고, 비웃음을 당하고, 처벌받고, 무시당하는 자신을 생각하며 미래에 대한 부정적인 시각에 스스로 사로잡힌다. 이러한 부정적인 시각은 아무것도 하지 못하게 만드는 기제로 작동한다.

이제 미루기를 극복하는 방법에 대해 구체적으로 살펴보자. 그리고 미루기를 끈기로 바꾸는 방법에 대해 알아보자. 내가 제안하는 방법을 따른다면 그 과정은 별로 고통스럽지 않을 것이다. 미래에 대한 부정적인 시각을 정신적 도구로 사용해 왔다면 옆으로 치워 버리고, 수동적 태도와 미루기 대신 생산성과 끈기를 촉진하는 두 가지 강력한 원칙을 사용하라. 그 두 가지 원칙은 '분해하기'와 '기록하기'다.

분해하기

끈기를 촉진하는 첫 번째 원칙은 분해하기다. 책 쓰기, 등산하기, 집에 페인트 칠하기 등등 어떤 일을 이루려 하든 성취의 열쇠는 그 과업을 관리할 수 있는 단위로 분해하여 하나씩 해치우는 것에 있다. 지금 이 순간 눈앞에 있는 일을 완수하는 데 집중하라. 멀리 있는 것은 무시하라.

부정적인 미래를 시각화하는 대신, 바로 지금 긍정적인 생각을 하라. 이것이 미루기를 끝내는 첫 번째 핵심 기법이다.

내가 당신에게 400페이지짜리 소설을 쓸 수 있는지 물어보았다고 하자. 대부분의 사람이라면 그것은 불가능한 일일 것이다. 내가 소설에 대해 물어보자마자 당신의 마음속에는 페이지마다 수백 단어로 뒤덮인 두꺼운 책이 떠오를 것이다. 하지만 "1년 동안 하루에 1.25페이지씩 쓸 수 있을까요?"라고 다르게 물어봤다고 하자. 당신은 할 수 있다고 생각하는가? 이제 이 과업이 좀 더 관리하기 쉬워 보이기 시작할 것이다. 우리는 400페이지짜리 책을 아주 작은 조각으로 분해했다. 하지만 그렇다 해도 여전히 많은 사람이 소설 쓰기를 여전히 두려워할 것이다. 왜 그럴까? 1.25페이지씩 쓰는 것은 그리 어려워 보이지 않지만, 1년을 내다보아야 하기 때문이다. 멀리 내다보면 대부분의 사람들은 부정적인 시각으로 상황을 보게 된다. 그렇다면 책 쓰기를 다른 방식으로 표현해서 더 작은 단위로 분해해 보

자. "1.25페이지 분량의 글을 쓸 수 있을까요? 1년도, 한 달도, 일주일도 아니고 '오늘 하루'만이요." 이러한 내 물음에 책 한 권을 쓰는 것이 불가능하다고 생각했던 사람들도 할 수 있다고 말할 것이다. 다음날 그들에게 똑같은 질문을 한다고 하자. "과거를 돌아보지도, 미래를 내다보지도 마세요. 그저 '오늘' 1.25페이지를 채우는 겁니다. 할 수 있을까요?" 사람들은 할 수 있다고 답할 것이다. 아마 당신은 "현재에 충실하라. Take it one day at a time."라는 말을 들어 보았을 것이다. 그것이 바로 우리가 하고 있는 분해하기 기법이다. 우리는 주요 과업을 완료하는 데 필요한 시간을 하루 단위로 분해했다. 그리고 400페이지짜리 책을 1.25페이지로 분해했다. 이것을 1년 동안 계속하면 책 한 권을 쓰게 될 것이다.

앞도 뒤도 보지 않도록 스스로에게 규율을 적용하라. 그러면 할 수 있다고 결코 생각하지 않았던 일을 달성할 수 있다. 이 기법의 장점 중 하나는 필요하다면 더 작게 나눌 수 있다는 점이다. 하루에 1.25페이지가 너무 많은 것 같다면 더 작게 분해하라. 한 시간에 세 문장을 써 보라. 한 시간보다 더 멀리 내다보지 마라. 관리할 수 있을 것 같은 수준으로 과업을 바라보는 방법을 생각해 보라. 그리고 끈기를 갖고 계속해라. 이제 미루기는 문제가 되지 않을 것이다. 과업이 매우 작아서 두려움이 나타나지 않을 것이기 때문이다. 이 모든 것은 분해하기에서 시작된다.

기록하기

미루기를 물리치기 위한 두 번째 원칙은 기록하기다. 우리는 앞서 적는 행위가 목표 설정에 얼마나 중요한지 살펴보았다. 미루기를 물리치기 위해 기록하는 것도 그와 매우 비슷하다. 하지만 미래에 초점을 맞추는 대신 '현재'에 대해 기록한다는 점에서 차이가 있다. 매일 경험한 것을 그대로 적는 것이다. 하고 싶은 일이나 가고 싶은 곳을 설명하는 것이 아니라 실제로 한 일과 실제로 간 곳을 기록한다. 다시 말하면, 당신의 활동에 대해 '시간 일기'를 쓰는 것이다. 어떤 과정을 수행하거나 하루를 보내는 동안 방해 요소, 우회, 시간 낭비가 얼마나 많이 생기는지 알게 되면 당신은 매우 놀랄 것이다. 그 모든 것이 당신의 목표 달성을 가로막는다. 하지만 많은 사람들이 그런 식으로 일을 실행한다. 무의식적인 수준에서는 아마 그럴 것이다. 시간 일기의 가장 좋은 점은 모든 방해 요소들을 드러낸다는 점이다. 시간 일기는 당신이 무엇을 하고 있고, 무엇을 하지 않고 있는지 객관적으로 보여 준다. 시간 일기는 자세히 기록할 필요가 없다. 가방에 넣고 다니기 쉬운 작은 스프링 노트를 사거나 핸드폰에 파일을 만들어라. 점심을 먹으러 갈 때, 운전해서 시내에 나갈 때, 세탁소에 갈 때, 복사기 앞이나 휴게실에서 잡담하며 시간을 보낼 때, 그 활동의 시작 시간과 종료 시간을 메모하라. 가능한 한 빨리 기록하는 것이 좋다. 물론, 바로 기록하기가 곤란하다면 나중에 해도 된다. 가능하면 적어도 30분에 한 번씩 시간 일기를 작성하라. 그리고 적어도 일주일 동안 지속하라.

생산성을 높이는 매우 강력한 기법의 도움을 얻으려면 그밖에 무엇을 해야 하는가? 아무것도 없다. 다른 것은 전혀 하지 않아도 된다. 이것은 자신이 실제로 어떻게 시간을 쓰는지 스스로 인식하기 위한 과정일 뿐이다. 당신은 쉽고 자연스럽게 당신의 생활을 재편하기 시작할 것이다. 믿기 어려울 수도 있겠지만 사실이다. 오늘 복사기 앞에서 15분 동안 노닥거렸다는 사실을 적을 수밖에 없다면 내일 또 그러는 것에 대해 다시 한번 생각하게 될 것이다. 오늘 30분 동안 중요한 프로젝트 업무를 하다가 잠시 쉬면서 신문을 읽었다고 기록해 두면 내일은 프로젝트에 좀 더 집중하고 신문은 잊어버릴 것이다. 일주일만 일기를 써도 집중력과 목표 달성 능력을 혁신적으로 높일 수 있다.

분해하고 기록하라. 이해하기도 쉽고 매우 간단함에도 이것은 미루기를 끝낼 수 있는 강력하고 효과적인 생산성 기법이다. 이 방법으로 시작해 보라.

타인은 목표 달성을 위한
가장 강력한 동기다

어떻게 지속적으로 높은 동기를 유지할 수 있을까? 참신함이 사라지고 여전히 목표에서 멀리 있을 때 어떻게 끈기 있게 지속할 수 있을까? 아일랜드 시인 윌리엄 버틀러 예이츠William Butler Yeats는 현대 세계의 불행한 특징들을 시로 묘사했다. "가장 선한 자들은 모든 신념을 잃어버린 반면, 가장 악한 자들은 격정적인 강렬함에 차 있다." 이것은 예이츠의 시 〈재림The Second Coming〉의 한 구절이다. 예이츠가 주목한 것 중 하나는 나쁜 사람들은 많은 에너지를 가지는 반면, 좋은 사람들은 낙담하고 자신의 능력을 의심한다는 점이었다. 세상을 둘러보면 우리가 일어나지 않기를 바라는 온갖 종류의 일들이 일어나는 것을 볼 수 있다. 그리고 우리가 인정하지 않을 법한 이유로 그런 일들을 실현하기 위해 매우 열심히 노력하는 사람들이 있다. 그런 모습을 보면 이렇게 말하기 쉽다. "이게 다 무슨 소용이지? 내게 무슨 희망이 있겠어? 내가 이루려고 했던 모든 것을 포기하고 그냥 편하게 살면 안 될까?" 확고한 품성을 지닌 사람들도 때로는 그런 느낌을 받는다. 우리는 모두 그런 순간을 겪는다. 끈기를 발휘하기가 정말 힘든 순간 말이다. 그러면 해결책은 무엇일까?

앞서 목표 설정에 대해 논의하면서 다섯 가지 항목의 장기 목표를 작성했던 것을 기억해 보자.

1. 나는 무엇을 하고 싶은가?
2. 나는 무엇이 되고 싶은가?
3. 나는 무엇을 보고 싶은가?
4. 나는 무엇을 갖고 싶은가?
5. 나는 어디에 가고 싶은가?

이제 한 가지를 더해 보자.

6. 누구와 공유하고 싶은가?

다시 말해, '자신 외에 누구를 위해 일하고 있는가?'이다. 이전 다섯 가지 항목에서는 자신의 열망에만 초점을 두고 어째서 그것이 자신에게 중요한지 생각했다. 이제 다른 사람들에 관해 다음 질문들을 생각해 보자. 그리고 앞서 다섯 가지 항목에 대해 답을 적었던 것처럼 다음 질문들에 답을 적어 보자.

- 누가 당신에게 의지하고 있는가?

- 당신이 끈기를 발휘해 성공한다면 누가 혜택을 얻는가?

- 당신이 포기하고 그만둔다면 누가 고통받는가?

- 목표를 달성했을 때 당신은 누구에게 연락할 수 있는가?

많은 사람들이 쉽게 답을 떠올릴 것이다. 가족이 있다면 배우자와 아이가 당신에게 의지하고 있을 것이며, 부모님이 연로하고 보살핌이 필요하다면 부모님이 당신에게 의지하고 있을 것이다. 미혼이거나 이제 막 커리어를 시작했다 해도 개인적인 필요 외에 끈기를 발휘해 성공해야 할 이유를 생각해 볼 수 있다. 재정적 성공의 일부를 졸업한 학교나 정신적 가르침을 얻은 종교 단체, 또는 이따금 당신을 치유해 준 병원과 나누고 싶을 수도 있다. 이러한 나눔은 돈에만 국한될 필요가 없다. 당신이 업무적으로 습득한 기술을 기반으로 시간과 능력을 나눌 수도 있다. 자신뿐 아니라 다른 사람을 위해 일하고 있다고 생각하면 더 잘하는 것으로 그치지 않는다.

상황이 어려워질 때 계속 나아가고 싶다면 끈기 있게 지속할 이유를 자신 바깥에서 찾아야 한다. 어니스트 헤밍웨이Ernest Hemingway는 자신의 작품에서 "한 사람만으로는 기회가 없다."라고 썼다. 이것은 인생에서 당신을 도와줄 사람이 필요하다는 뜻일 뿐만 아니라, 당신이 다른 사람을 도와야 한다는 뜻이기도 하다. 물질적 소유나 재정적 성공 외에 끈기 있게 행동을 지속할 진정한 이유가 될 수 있는 사람이 필요하다. 자신에게만 이익이 되는 것은 어느 정도가 되면 멈출 수밖에 없다. 반면 자신 외에 다른 사람에게 이익이 되는 것은 필요한 만큼 멀리 갈 수 있다.

제2차 세계 대전 마지막 무렵, 미국의 인디애나폴리스호가 적의 잠수함에 격침되었다. 이것은 제2차 세계 대전에서 미군에게 일어난 가장 비극적인 사건 중 하나였고 수백 명이 목숨을 잃었다. 최초 공격에서 살아남은 승조원들은 구조대가 올 때까지 물속에서 여러 날을 보내야 했다. 물속에서 살아남는 것은 단순한 노력으론 견디기 힘든 일이었고 결국 많은 사람이 포기하고 말았다. 실제로 생존자들은 거의 모두 한 번쯤은 포기하려 했다고 한다. 하지만 누군가가 포기하려 할 때마다 다른 사람들이 고향에서 그를 필요로 하는 이들에 대해, 그에게 의지하는 이들에 대해 상기시켰다. 의지하는 사람이 없는 경우엔 언젠가 그를 필요로 할 미래의 누군가에 대해 이야기했다. 아직 만나지 못한 사람, 아직 태어나지 않은 사람에 대해서 말이다. 그들은 단순히 살아남는 것을 넘어 갖가지 삶의 이유들을 일깨웠다.

최고의 경주마가 어떻게 경주에서 난관을 극복할 수 있는지 이야기하며 이 논의를 시작했다. 나는 경주마에게 동기를 부여하는 요인이 결승선 너머의 건초 더미인지, 따뜻한 마구간에서 쉬는 것인지, 아니면 그 밖의 다른 것인지 모른다. 하지만 경주마가 다른 경주마들을 위해 무엇을 할 수 있을지 생각하지는 않을 것이다. 바로 그것이 말과 사람의 큰 차이다. 사람은 서로 의지하며 살아간다. 확고한 품성을 지닌 사람은 다른 사람을 위해 자신이 할 수 있는 것에 대해 자부심을 느낀다. 끈기 있게 지속할 수 있는 힘을 가진 사람이 되기 위해 스스로에게 도전하라.

UNSHAKABLE

4장

고마운 사람보다
필요한 사람이 되어라

사람은 배고픈 채 태어난다. 태어난지 얼마 되지 않은 아기는 온통 욕구에 사로잡힌다. 처음에는 공기를, 그 다음에는 영양분을 얻으려는 욕구다. 이렇듯 사람은 항상 무언가를 갈망하며 평생을 살아간다. 하지만 갈망을 충족하는 데 필요한 요소는 살아감에 따라 크게 달라진다. 어떤 사람은 부와 권력을, 어떤 사람은 진리를 갈망한다. 또 어떤 사람은 모두가 자신을 사랑하기를 원하고, 어떤 사람은 모두가 자신을 두려워하기를 원한다. 하지만 모든 욕구에는 근본적인 문제가 있다. 바로 어떤 욕구도 영구적으로 충족될 수 없다는 점이다. 무언가를 원할 때 충분함이란 없으며, 이것은 매우 신경 쓰이는 일이다. 예를 들어 새 자동차를 사도 2년 뒤에는 구형 자동차가 된다. 새 컴퓨터는 모든 것을 정말 빠르게 처리한다. 하지만 1년 뒤 이웃이 새로 산 컴퓨터는 당신 것보다 훨씬 더 빠르다. 이 모든 것의 끝은 어디인가?

지혜의 원천은 자신 안에 있다

욕구를 충족하는 것이 불가능하다는 사실을 받아들이는 사람은 한 종류밖에 없다. 이 사람은 지혜라는 신비한 상품을 원하며, 세상의 모든 자동차와 컴퓨터보다 지혜를 더 원한다. 지혜는 인간의 두뇌가 지닌 학습 능력과 마찬가지로 무한하다. 세상에는 알아야 할 것이 항상 더 많다. 그리고 두뇌는 당신이 배우는 모든 것을 담을 공간이 언제나 충분하다. 당신이 진정으로 지혜를 원하는 사람이라면 인생은 그야말로 낙원이다.

우리는 모두 성공하기를 원하며 나는 그것을 분명히 찬성한다. 하지만 가질 수 있는 모든 돈을 갖고 싶어 하는 사람이 있다. 그들은 돈으로 살 수 있는 것이 아니라 돈 자체를 원한다. 세상의 모든 돈을 원하는 것은 세상의 모든 지식을 알고 싶어 하는 것과 마찬가지다. 모든 돈을 원하는 사람은 비참하다는 점만 제외하고 말이다. 그 사람은 절대 모든 돈을 갖지 못할 것이며, 자신이 충분히 가졌다고 생각하지 않을 것이다. 1천 달러짜리 지폐가 가득한 방이 여러 개 있어도 그 사람은 여전히 다른 사람의 동전을 원할 것이다. 그리고 부러움에 가득 찬 채 동전을 갖지 못한 것에 대해 고통스러워할 것이다. 지혜를 원하는 사람도 어깨 너머로 다른 사람을 돌아보고 싶어 한다. 하지만 그저 다른 사람이 어떤 책을 읽는지 보고 싶어 할 뿐이다. 자신이 아직 읽지 않은 책이라면 자신도 그 책을 읽고 싶어 하며, 책 내용을 기대한다.

지혜의 획득은 수학자들이 말하는 제로섬 게임$^{zero-sum}$

game이 아니다. 당신이 무언가를 포기해야 내가 그것을 가질 수 있는 것이 아니다. 당신은 내게 당신의 지혜를 줄 수 있고, 그러면 내가 그 지혜를 갖게 된다. 하지만 당신도 여전히 그 지혜를 갖고 있다. 한 사람이 다른 사람과 지혜를 나눈다고 해서, 어느 한쪽의 지혜가 줄어들거나 사라지지 않는다. 오히려 둘 다 더 현명해진다. 주고받기는 우리 대부분에게 매우 기본적인 경험이다. 하지만 지혜에는 주고받기라는 개념이 적용되지 않는다. 지혜는 주고받기가 없다. 나눔만 있을 뿐이다.

지혜는 독특한 상품이다. 실제로 그것을 상품이라고 부를 수 있다면 말이다. 사람들이 갈망하는 다른 물건들과 달리 지혜는 시각화하기가 매우 어렵다. 우리는 돈이 가득한 방을 상상할 수 있다. 하지만 지혜가 가득한 방을 어떻게 그릴 수 있는가? 책은 지혜가 아니다. 그저 한데 묶인 종이 다발일 뿐이다. 책은 마음속에 지혜를 키우는 데 도움이 될 수 있다. 하지만 머릿속을 들여다보면 어떤 지혜도 찾지 못할 것이다. 그렇다면 지혜란 무엇인가?

대부분의 사람들은 지혜를 먼 나라에 있는 무언가처럼 여긴다. 마치 열대의 섬 어딘가에 있는 것처럼 말이다. 지혜를 본 사람은 거의 없으나 모든 사람이 들어본 적은 있다. 지혜를 본 적이 없음에도 불구하고 거의 모든 사람이 지혜가 존재한다는 사실을 믿는다. 그런 점에서 볼 때 지혜는 거의 신이나 마찬가지다. 신의 특성이 아니라 인간의 특성이라는 점만 제외하면 말이다. 지혜는 인간의 매우 드물고 귀중한 특성이다. 누구에게 묻든 지혜라는 것이 있다고 대답할 것이다. 게다가 그 사람은 언젠가 자신이 지혜로워지기를 바란다고 말할 것이다. 그 사람에게 지혜로워지는 법, 지혜를 얻는 법을 물어보라. 어느 정도 지혜가 있는 사람이라면 그저 미소를 짓거나 고개를 끄덕일 것이다. 또는 주변을 둘러보며 살고, 보고 듣는 것에 대해 생각하라고 말할 것이다.

뛰어난 투자 은행가인 남성이 있었다. 그는 업계에서 가장 앞서 나가는 사람 중 한 명이었다. 유럽의 가난한 가정에서 태어난 그는 온전히 독학으로 공부했고 두뇌와 배짱으로 막대한 부를 일궜다. 사람들은 이 남성의 인생 이야기에 넋을 놓고 귀를 기울였다. 이야기가 끝나자 누군가가 이렇게 말했다. "선생님, 세상에 대해 배운 것과 세상에서 성공하는 방법을 책으로 내서야 합니다." 하지만 이 뛰어난 투자 은행가는 그저 바라보며 웃음 지을 뿐이었다. "글쎄요. 책을 낼 수도 있겠지요. 하지만 별로 대단한 책은 아닐 겁니다. 사실 15분에서 20분이면 제가 아는 모든 것을 알려 드릴 수 있습니다. 평생에 걸쳐 이해하게 된 모든 것을요. 하지만 그게 무슨 소용이 있을까요? 그건 여러분이 누군가에게 듣거나 책으로 읽을 수 있는 내용이 아닙니다. 여러분이 스스로 발견할 때까지 그것은 그저 단어나 소리, 잉크 자국에 불과합니다. 여러분은 제가 배운 것을 배우기 위해 살아야 합니다. 긴 여정을 지나 목적지에 도달했을 때와 같은 성취감과 기쁨을 느끼며 이러한 진실에 도달해야 합니다."

아이러니하지 않은가? 지혜는 살 수 있는 물건도, 학교에서 들을 수 있는 강의도, 취득할 수 있는 학위도 아니다. 지혜는 다른 사람에게서 얻을 수 있는 것이 아니다. 그러나 당신은 만나는 모든 사람에게서 어느 정도 지혜를 얻을 수 있다. 현명한 사람들은 항상 더 많은 지혜가 필요하다고 느낀다. 하지만 지혜의 진정한 원천은 다른 곳이 아닌 바로 우리 안에 있다.

솔로몬 이야기

성경에서는 솔로몬 왕이 세상에서 가장 지혜로운 사람이라고 말한다. 그는 세상에서 가장 지혜로운 사람일 뿐만 아니라 가장 부유한 사람이기도 하다. 각국에서 모여든 왕과 왕비들은 솔로몬의 조언을 구하고 부유함에 감탄했다.

성경에 따르면, 솔로몬이 아버지 다윗왕의 궁전에 살던 어린 시절, 하나님이 그에게 한 가지 소원을 들어 주겠다고 말했다. 솔로몬이 어떤 소원을 말했는지 아는가? 그가 말한 소원은 거대한 왕국, 막강한 권력, 훌륭한 외모, 무한한 즐거움, 장수, 사랑, 명예, 안전, 그 무엇도 아니었다.

솔로몬은 지혜를 달라고 요청했다. 그리고 그가 다른 것이 아닌 지혜만 구했기 때문에 하나님은 지혜와 더불어 다른 모든 것도 주었다.

당신과 나 그리고 솔로몬의 가장 중요한 차이는 언제 어디에서 태어났는지, 특권이 있는지 없는지, 명성이나 은행 계좌, 사회적 지위를 가지고 있는지가 아니다. 중요한 차이는 바로 솔로몬이 하나님에게 요청해서 받은 지혜다. 우리는 주위를 둘러보며 지혜를 구해야 한다. 우리가 읽고 행하는 모든 것에서, 만나는 모든 사람에게서 지혜를 구해야 한다. 그리고 무엇보다도 우리 안에서 지혜를 찾아야 한다. 지혜는 확고한 품성을 이루는 어떤 요소보다 중요하며 스스로 얻고 배워야 할 자질이다.

소크라테스 이야기

소크라테스는 고대 그리스에서 가장 지혜로운 사람이자 역사상 가장 위대한 철학자였다. 철학자는 고대 그리스어로 지혜를 사랑하는 사람을 의미한다. 소크라테스는 사람들이 지혜가 무엇인지 물으면 항상 똑같이 답했다. 사실 소크라테스는 질문하는 법 이외에 아는 것이 많다고 주장한 적이 없었다. 그리고 질문을 통해 사람들이 안다고 생각하거나 확신하는 것을 실제로는 모르고 있다는 사실을 증명하곤 했다.

하지만 아테네의 유력 가문들은 소크라테스의 질문에 지쳐갔다. 그들은 소크라테스가 그리스의 젊은이들을 가르치는 방식에 분노했다. 무엇이든 확실한 것을 아는 사람은 아무도 없다고 가르쳤기 때문이다. 아테네인들은 역사상 가장 위대한 철학자를 존경하기는커녕 사형을 선고했다. 가르침을 철회하고 사과하지 않는 한 소크라테스를 기다리는 것은 죽음뿐이었다. 그러나 소크라테스는 자신의 가르침을 철회하지도, 사과하지도 않았다. 그는 쾌활하게 독배를 마시고 끊임없이 질문하던 몇 안 되는 충실한 학생들에게 작별 인사를 건넬 뿐이었다.

솔로몬과 소크라테스, 이 둘은 매우 지혜로운 사람이었

으나 매우 다른 운명을 맞이했다. 훌륭한 지혜는 아무것도 보장하지 못한다. 그러나 진정으로 지혜를 소중히 여기는 사람에게 지혜는 그 자체로 보상이다. 소크라테스가 자신이 틀렸다고 인정했다면 범죄자로 고발되는 것을 피할 수 있었을 것이다. 몇 마디만 하면 사형을 피할 수 있는데도 사형 집행에 동의하는 것은 지혜롭지도, 똑똑하지도 못한 행동이라고 주장할 수도 있다. 그 상황에 처한 사람이 당신이나 나였다면 그러한 주장이 맞을 것이다. 하지만 소크라테스에게는 그것이 옳은 선택이었다. 그는 자신이 누구인지 진정으로 알고 있었기 때문이다. 그는 자신의 인생에 의미를 부여하고 인생을 가치 있게 만드는 것이 질문을 던지고 그 질문에 솔직하게 답하려 하는 자신의 태도임을 알고 있었다.

아마 누군가는 "그것이 지혜인가?"라고 다시 물을지도 모른다. 여기에 나는 소크라테스처럼 질문으로 답하겠다. "누구를 위한 지혜인가, 당신인가, 나인가? 아니면 그리스에서 가장 지혜로운 사람인가?"

우리와 달리, 진리를 추구하는 데 온전히 헌신한 사람에게는 자신의 믿음을 굽히고 타협하는 것이 지혜롭지 않은 일일 것이다. "네 자신을 알라."는 소크라테스의 좌우명이었다. 그는 독배를 마셔야 한다는 것을 인식할 만큼 자신을 잘 알았고, 그의 품성은 실제로 독배를 마실 수 있을 만큼 확고했다.

지혜는 결과가 아니라 과정이다

나는 개인 자산관리사로 일하는 사람들을 몇 명 알고 있다. 그들은 의뢰인이 현재와 미래의 재정적 포트폴리오를 만드는데 도움을 준다. 또 그러한 요구를 충족하는 데 필요한 것을 준비하도록 돕는다. 훌륭한 자산관리사라면 대부분의 경우 은퇴 준비가 충분하지 않다고 말할 것이다. 나는 이러한 준비 부족이 재정적인 영역에만 국한되지 않는다는 점을 덧붙이고 싶다. 성숙한 인간이라면 그저 삶을 지속하는 것이나, 좀 더 오래 사는 것 또는 골프를 즐기며 말년을 보낼 수 있을 만큼 풍족한 은퇴 후 소득을 얻는 것 보다 더 높은 가치나 진리가 있어야 한다. 50~60세가 되었는데도 앞으로 무엇이 더 있는지, 나는 누구인지, 내가 왜 여기에 있는지, 내 인생의 의미는 무엇인지 등을 생각해 보지 않았다면 노년을 준비하지 않은 것이다. 따라서 당신에게 필요한 것은 개인 자산관리사가 아니라 '개인 지혜 컨설턴트'다.

자신에게 부족한 면이 무엇인지 알고 그것을 찾는 것은 지혜의 한 부분이다. 그와 동시에 최종적인 답이란 없다는 사실을 아는 것 또한 지혜다. 세상에는 항상 더 많은 질문들이 있다. 그리고 당신이 모르는, 들은 적도 본 적도 없는 수많은 일과 사람이 있다.

퇴직금, 의료 보험, 연금, 날씨 좋은 지역의 집, 먹고 살 수 있는 고정 수입이 있다 해도 고립된 채 살아간다면 무슨 소용이 있겠는가? 여기서 고립은 물리적으로 혼자 있는 것만을 의미하지 않는다. 이전에 있었던 일 및 앞으로 다가올 일과 진정한 연결성을 느끼지 못하고 분리되는 것을 의미한다. 바로 이때 지혜가 매우 실질적이고 진정한 이점을 제공한다. 지혜는 삶의 가치를 느끼게 해 주며 인생의 모든 노력이 보람 있었다는 확신을 갖게 해 준다.

우리가 물질적 욕구를 신경 써야 한다는 점은 의문의 여지가 없다. 하지만 충만한 삶을 살아가려면 물질뿐 아니라 의미 또한 필요하다. 지혜는 경험에서 비롯되는 진리다. 경험은 충분히 오래 살면 누구나 얻을 수 있다. 하지만 모든 사람이 경험으로 무엇을 해야 할지 아는 것은 아니다. 지혜는 세상을 살펴보고 그 안에서 살아가는 사람들을 이해하는 것에서 비롯된다. 즉 세상의 다양한 패턴과 연관성을 깨닫고, 다른 사람들의 모습을 통해 자신을 이해할 때 지혜를 얻게 된다.

'잠깐, 지혜가 무엇인지 아무도 모른다는 내용을 이렇게 길게 쓴 거야? 이제 지혜를 자세히 설명해 주겠지.'라고 생각하는 사람도 있을 것이다. 나는 지혜가 무엇인지 안다고 말하지 않았다. 그저 지혜가 어디에서 비롯되는지 안다고 말했을 뿐이다. 나는 지혜를 얻는 데 무엇이 필요한지 알고 있다. 사실 나는 "지혜가 무엇인지 알고 있습니다."라고 말하는 사람을 한 번도 만나 보지 못했다. 다만 내가 말할 수 있는 것은 지혜로운 사람의 반대말이 무엇인지 알고 있다는 것이다. 지혜로운 사람의 반대말은 어리석은 사람이다. 그리고 어리석은 사람은 대개 얼마 안 가 어리석은 사람 취급을 받는다.

나는 지혜로운 사람을 만난 적이 있다. 그는 내가 정말 존경하게 된 사람이다. 나는 그가 가진 지혜의 본질을 너무나도 정의하고 싶었다. 삶에 대한 그의 훌륭한 통찰이 정확히 어디에서 비롯되는지 확실히 가려내고 싶었다. 나는 마침내 그에게 물었다. "당신을 다른 사람들과 다르게 만드는 것이 대체 무엇입니까?" 그는 이렇게 말했다. "저를 다르게 만드는 것은 우리가 모두 똑같다는 사실을 이해할 수 있다는 점입니다. 누구나 서로 간의 차이를 볼 수 있어요. 지혜는 우리가 얼마나 비슷한지 이해하는 것입니다."

에이브러햄 링컨Abraham Lincoln 또한 그런 식으로 말하곤 했다. 나는 그가 역사상 가장 존경할 만한 인물 중 한 명이라고 생각한다. 링컨은 옳고 그름에 대해 매우 확고한 분별을 지닌 사람이었다. 그는 사람이 다른 사람을 노예로 소유하는 것이 명백한 잘못임을 알고 있었기 때문에 남북전쟁을 통해 미국을 이끌었다. 하지만 그는 반대편에 있는 사람, 즉 전선 너머에 있는 사람 역시 한 인간이라는 점을 이해했다. 그들 또한 링컨 측 사람들과 같은 희망, 같은 두려움, 같은 문제를 가진 사람들이었다. 모든 차이에도 불구하고 링컨은 본질적인 동일성을 보았다.

알버트 아인슈타인Albert Einstein은 재정적 여건뿐만 아니라 그를 바라보는 사람들의 시선 또한 좋지 않았다. 아인슈타인은 어렸을 때 멍청한 아이로 여겨졌다. 그는 초등학교 수학 시험에서도 낙제를 면치 못했다. 그는 언제나 다소 산만했고 질문을 하지만 그것을 말로 표현하지 못했다.

성인이 되어 스위스 특허 사무소에서 일할 때에도 아인슈타인이 전 세계를 뒤흔들 질문을 하고 있다고는 아무도 생각하지 않았다. 원자 시대의 토대가 된《상대성 이론Theory of Relativity》을 출간한 후 아인슈타인은 자만하지 않았다. 그는 우리가 누구인지, 왜 여기에 있는지, 왜 우주가 만들어졌는지 끊임없이 질문했다. 지금까지 제기된 가장 심오한 과학적 질문에 대해 답을 찾은 후에도 아인슈타인은 본질적으로 겸손한 사람이었다. 그는 결코 자신의 답이 최종 정답이라고 주장하지 않았다. 왜 그랬을까? 결국 우주의 모든 것이 변할 수 있기 때문이다.

지혜로운 사람은 대답보다 질문에 훨씬 더 관심을 갖는다. 반면 어리석은 사람은 항상 결론을 내린다. 성공과 마찬가지로 지혜는 목적지가 아니라 과정이다.

자신이 지혜롭다고 자만하지 마라

나는 지혜로운 사람일까? 지금까지 지혜에 대해 이렇게 길게 이야기했으니 내게 그럴 만한 자격이 있는지 분명 궁금할 것이다. 나는 어떻게든 살아남아 어느 정도 번영을 누리는 사람이라면 누구나 자기만족의 순간이 있다고 생각한다. 즉, '마침내 모든 것을 알아냈어.'라고 스스로에게 말하는 순간이 찾아온다. 하지만 대개의 경우 당신을 겸손하게 만드는 무언가가 금세 나타난다.

나는 텍사스에서 캘리포니아로 향하는 비행기에 앉아 창밖으로 까마득히 아래에 있는 산과 사막을 보고 있었다. 그러다 문득 우리가 얼마나 강력한 힘을 가졌는지 실감이 났다. 오늘날 우리는 비행기 표만 사면 이런 광경을 볼 수 있고, 과거엔 꿈조차 꾸지 못했던 일들을 할 수 있게 되었다. 나는 이런 생각들로 잠깐 동안 막강해진 느낌이 들었다. 모든 것을 내려다보는 것은 매우 기분 좋은 일이었다. 하지만 그 때 또 다른 생각이 들었다. '잠깐만, 내가 비행기를 세우거나 돌릴 수 있을까? 밖에 나가 산책을 하고 올 수 있을까? 이동해도 좋다는 표시등이 켜지지 않으면 비행기 안에서도 돌아다닐 수 없어. 여기서는 스스로 밥을 먹을 수도 없고. 성인이 된 후 지금 이 순간보다 무력한 적은 없었어. 나는 아무것도 할 수 없어.'

지혜도 마찬가지다. 무언가를 정말 안다고 생각될 때 그것이 사실이 아닌지 잠시 멈춰 살펴보라. 당신이 정말 다 안다고 생각하는가? 누구와 비교해서 그런가?

나는 다음 문구에 중요한 지혜가 담겨 있다고 확신한다. "인생에서 모든 답을 알고 있다고 느끼는 시점에 도달했다면 다른 질문을 던져보는 것이 좋다." 어리석은 사람은 지적 측면에서 항상 목적지에 도달한다. 반면 지혜로운 사람은 갈 길이 얼마나 더 남았는지 항상 궁금해 한다.

어리석은 사람의 관점은 항상 좁아진다. 그들은 점점 더 많이 말하고 점점 더 적게 듣는다. 항상 같은 생각만 하기 때문에 같은 이야기만 반복한다.

빅리그의 야구 경기를 예로 들어보자. 투수가 심판과

언쟁을 벌이고 있다. 투수는 번트 상황에서 1루를 커버했으나 심판이 세이프를 선언한다. 투수는 자신이 옳다고 확신하기 때문에 공을 손에 든 채 소리를 지르며 1루에 서있다. 그러나 그가 자기주장을 내세우는 동안 주자는 계속 달린다. 투수가 자기 지혜에 완전히 매몰된 사이 주자는 베이스를 모두 지나 득점한다.

이와 비슷한 상황을 본 적이 있을 것이다. 자기 지혜를 너무 확신한 나머지 어리석은 사람보다 더 큰 피해를 야기하는 사람들이 있다. 이런 일은 야구 경기에서만 일어나지 않는다. 그런 사람을 멀리하라. 그렇게 행동하는 자신을 발견했다면 다른 글러브를 가져와라. 당분간 투수를 멈추고 포수가 되어야 할 때이다.

아버지는 내게 이렇게 말씀하셨다. "나는 사악한 사람들과 어리석은 사람들을 많이 보아왔고 결국에는 둘 다 마땅한 대가를 받는다고 생각한단다. 하지만 어리석은 사람이 먼저 대가를 치르는 법이지." 나는 이 말이 사실임을 알게 되었다. 어떻게 보면 이것은 "모르는 게 약이다."라는 말과 정반대되는 생각이다. 사실 모르는 것은 약이 아니라 고통이며 마음과 정신의 빈곤이다. 이는 곧 은행 계좌의 빈곤으로도 이어진다.

지혜는 마음과 영혼의 부다. 돈과 달리 한 번 갖게 되면 누구도, 무엇도 그것을 빼앗을 수 없다. 일단 지혜를 갖게 되면 영원히 자기 것이 된다. 지혜를 다른 사람에게 나눠 줄 때에도 자신의 지혜는 더욱 성장한다.

UNSHAKABLE

책임은 짊어져야 할
짐이 아닌 성장 동력이다

대부분의 사람들은 책임을 받아들이기 두려워한다. 이것은 어쩔 수 없는 사실이다. 우리는 날마다 그런 모습을 볼 수 있다. 치과에서 예약 시간이 30분이나 지났는데도 낡은 잡지를 보며 기다려야 할 때 우리는 매우 화가 난다. 그러면서 자신이 이번 달 주택담보대출 상환액 납부를 잊어버린 것은 생각하지 못한다. 업무 관련자가 12시에 전화하기로 했으나 2시가 다 되도록 연락이 없자 우리는 더욱 화가 난다. 하지만 자신이 너무 바빠 회신을 깜빡한 전화에 대해서는 생각하지 못한다. 우리는 비행기가 연착되었다며 항공사 홈페이지에 항의 글을 올린다. 하지만 자신이 회의에 늦었을 때 스스로에게 항의 글을 쓰지는 않는다.

이처럼 우리는 개인 생활과 직장 생활에서 항상 책임을 회피한다. 그리고 여기서 흔히 볼 수 있는 또 다른 사실은 사람들이 스스로 바라는 만큼 성공하지 못한다는 점이다. 매우 흔히 나타나는 이 두 가지 현상은 서로 연관되어 있으며, 이 장을 다 읽을 때쯤이면 당신도 내 생각에 동의할 것이다. 더불어 당신이 하는 모든 일에서 책임을 지는 것이 당신에게 가장 이익이 된다는 점을 이해하게 될 것이다. 하지만 이것은 시작에 불과하다. 나는 다른 사람의 실수로 인한 책임까지 받아들이는 것이 가장 바람직하다고 거듭 제안할 것이다. 특히 당신이 관리자나 리더 역할을 맡고 있다면 말이다.

자신의 운명을 책임져라

프로 농구가 이제 막 인기를 끌기 시작했을 때, 미국 프로 농구[NBA] 보스턴 셀틱스에서 센터로 뛰었던 빌 러셀[Bill Russell]은 프로 리그에서 가장 위대한 선수 중 한 명이었다. 그는 특히 리바운드와 수비로 유명했다. 하지만 신장이 매우 큰 여러 선수들과 마찬가지로 러셀은 자유투를 잘 쏘는 편이 아니었다. 실제로 그의 자유투 성공률은 평균을 한참 밑돌았다. 하지만 낮은 자유투 성공률이 운동선수로서 러셀의 진면목을 그대로 나타내는 것은 아니었다. 러셀은 한 경기에서 이를 확실히 보여 주었다.

로스앤젤레스 레이커스와의 결승전 마지막 경기, 종료를 12초 남겨 둔 가운데 레이커스가 한 점 뒤져 있었고 보스턴이 공을 잡고 있었다. 레이커스는 공을 가져오기 위해 보스턴 선수 중 한 명에게 파울을 해야 하는 상황에서 빌 러셀을 선택했다. 당시 러셀은 통계적으로 가장 저조한 자유투 기록을 가진 선수였기 때문에 그것은 완벽하게 논리적인 선택이었다. 러셀이 자유투를 실패하면 레이커스는 공을 리바운드해서 경기를 뒤집을 수 있는 시간이 충분했다. 하지만 러셀이 첫 번째 자유투를 성공하면 레이커스가 이길 확률은 현저히 줄어들고, 두 번째 자유투까지 성공하면 경기는 끝난 것이나 다름없었다. 빌 러셀은 매우 독특한 스타일로 자유투를 던졌다. 오늘날 자존심 있는 농구선수라면 어느 누구도 그런 시도를 하지 않을 것이다. 골을 넣는데 효과적인지 아닌지에 대한 의문과는 별개로 그의 자유투 스타일은 매우 우스꽝스러웠다. 신장 208센티미터의 러셀은 자유투를 던질 때마다 허리 높이에서 양손에 공을 들고 시작했다. 그 다음 쪼그리고 앉았다가 일어나면서 공을 던졌다. 이 모습은 마치 양동이에 든 흙을 벽에 던지는 것처럼 보였다. 어떻게 보이든 상관없이 빌 러셀은 파울을 당하자마자 보스턴의 승리를 절대적으로 확신했다. 이런 상황에서 통계와 확률은 아무 의미도 없기 때문이다. 실제 상황에서는 통계보다 훨씬 더 중요한 요인, 즉 숫자와 소수점으로는 아무도 설명할 수 없는 특별한 요인이 있었다. 간단히 말해서 빌 러셀은 성공이든 실패든 팀의 결과를 책임지려 하는 선수였다. 그는 이런 상황에서 자신이 부담을 지고자 했다. 경기에서 패한다면 변명의 여지도, 다른 누군가를 비난할 여지도 없었다. 하지만 그는 다른 사람이 아닌 자기 손에 공이 있기를 원했다. 지금까지 자신의 농구 인생에서 수많은 자유투를 실패했지만 이번 자유투는 마법처럼 성공할 것이라고 확신했다. 그리고 그 확신은 현실이 되었다.

확신을 갖고 기꺼이 책임을 받아들일 때 이러한 일이 일어난다. 나는 책임을 지는 것이 인간의 성숙함을 보여주는 최고의 방식 중 하나라고 생각한다. 기꺼이 책임지려는 마음은 중요하다. 스스로 위험을 짊어지는 태도는 성인을 규정하는 가장 큰 특징이다.

아이를 키워본 부모라면 누구나 이 사실을 알고 있다. 태어나서 처음 몇 년 동안의 아기를 생각해 보라. 모든 몸짓, 얼굴 표정, 옹알이는 부모에게 한 가지 메시지를 전한다. '나는 당신에게 완전히 의지하고 있어요. 나는 하려고 해도 혼자서는 아무것도 할 수 없어요. 나는 결과를 책임 질 수 없어요. 그저 아기에 불과하니까요.' 10~12년이 지나 사춘기가 되면 이 메시지는 매우 달라진다. '저를 내버려두는 게 어때요? 저는 완전히 독립하고 싶다고요. 제 자신에 대해 생각하는 것 외에는 아무것도 하고 싶지 않아요. 제 자신의 욕구와 열망 외에 어떤 것에 대해서도 책임지고 싶지 않아요.' '나는 당신에게 완전히 의지하고 있어요.'와 '나는 당신과 완전히 독립적이에요.'라는 두 메시지가 '당신은 내게 의지해도 돼요.'라는 메시지로 바뀌는 것은 우리가 마침내 어른이 되고 나서다. 이것이야말로 진정한 어른의 관점이다.

이상하게 보이겠지만 30대, 40대에도 여전히 사춘기처럼 행동하는 사람들이 있다. 뿐만 아니라 책임에 대한 태도만 놓고 보면 40대, 50대에 여전히 아기처럼 행동하는 사람들도 있다. 이런 사람들은 특히 함께 일하기 어려울 것이다. 하지만 흥미롭게도 책임을 피하는 대다수의 사람이 당신에게 기회를 제공할 수도 있다. 바로 당신이 남들과 다른 사람, 즉 책임을 감수하는 몇 안 되는 사람 중 하나가 되기로 결심하는 것이다. 윈스턴 처칠은 이렇게 말했다. "위대함의 대가는 책임이다."

내 생각에 그것은 정말 작은 대가다. 책임감 있는 사람이 되는 데 정확히 무엇이 필요한지 더 구체적으로 살펴보자. 책임감 있는 사람이란 자기 행동의 결과를 받아들이는 것을 의미한다. 하지만 나는 여기서 더 나아가야 한다고 생각한다. 책임이란 자신에게 일어나는 모든 일이 자신에게서 비롯된다고 여기는 것을 뜻한다. 다시 말해, 어린 시절에 겪은 어려움이나 살면서 맞닥뜨릴 수 있는 편견, 당신을 이해하지 못한 수많은 사람과 상관없이 당신에게 지휘권이 있음을 의미한다.

위 설명에서 비꼬거나 빈정대는 기색이 느껴지는가? 내 말이 냉담하게 들리는가? 내가 힘든 어린 시절이나 편견을 부정하고, 다른 사람의 요구에 무감각한 사람들이 있음을 부인하는 것 같은가? 그것은 분명 내 의도도, 신념도 아니다. 인생에 부정적인 영향을 미치는 여러 요인에도 불구하고 당신이 할 수 있는 최고의 행동, 가장 힘을 실어주는 행동, 가장 강력한 행동, 궁극적으로 가장 지혜로운 행동은 자신의 운명을 전적으로 책임지는 것이다.

삶에 대한 이러한 접근의 이점은 매우 극적인 방식으로 입증되어 왔다. 예를 들어, 심각한 질병으로 고생해 온 사람들은 자신에게 일어난 일을 책임지기로 결심했을 때 더 높은 회복 가능성을 보인다. 스스로를 운명의 희생자로 여기는 것이 더 쉽고 타당할 것임에도 불구하고 말이다.

평생 건강하고 활기차게 지내던 존이라는 남자가 있었다. 존은 여러 분야에서 사업을 시작해 매각했고 마침내 40대 후반이 되어 대학에 진학하기로 마음먹었다. 하지만 그는 몇 가지 건강 문제에 시달리기 시작했다. 평생 성공과 성취에만 몰두했고 자기 몸에 어떤 일이 일어나고 있는지에 대해서는 별 관심을 두지 않았던 탓이다. 수년 동안 존은 도넛과 블랙 커피로 연명하다시피 했고, 잦은 출장 탓에 기내식을 먹을 때도 많았다. 그 결과 거침없이 체중이 불어나 첫 해에 2킬로, 다음 해에 5킬로, 그 다음 해에 7킬로가 늘었다. 그러자 그는 과체중 남성을 위한 의류 매장을 여러 개 열며 이에 대응했다. 돌이켜 보면 그게 실수였다. 의류 매장이 자극제가 되어 체중이 더 늘어났기 때문이다. 그는 20킬로가 늘어난 자신의 모습을 지역 신문 광고에 자랑하기도 했다. 그러나 이내 그는 심각한 당뇨병을 진단받았다. 담당 의사는 행동 습관만큼 유전 또한 당뇨병의 주된 원인 중 하나라고 위로했지만, 존은 자신의 건강과 행복을 책임지기로 결심했다. 그리고 이렇게 말했다. "저는 성인이 된 후 가족을 부양하고 경제적 성공을 이루는 데 모든 것을 쏟았습니다. 그 목표만 보며 살아왔다고 해도 과언이 아니죠. 하지만 이제 책임이 다른 방식으로 나타나기 시작했다는 것을 깨달았어요. 가족을 부양하는 것은 더 이상 돈 문제가 아닙니다. 생존의 문제예요. 중요한 것은 저의 건강과 가족의 건강입니다." 존은 이야기를 계속했다. "저는 아이들에게 모범을 보이지 못했습니다. 아이들은 제가 뚱뚱해지는 모습, 광고에서 살찐 것을 자랑하는 모습을 보며 자랐어요. 이젠 아이들도 살이 찌고 있습니다. 아마, 아이들은 그게 제가 원하는 모습이라고 생각한 것 같아요. 그리고 아이들의 생각이 아주 틀리지는 않았을 겁니다. 사실 저는 새로운 광고에 아이들을 출연시킬 생각을 하고 있었거든요. 상황에 따라 과체중 청소년을 위한 의류 매장도 열어 볼 생각이었어요." 사업을 확장하고 새로운 기회를 넓힐 생각에 존의 눈이 빛나기 시작했다. 하지만 그 순간 그는 갑자기 말을 멈췄다. 그리고 다시 이야기를 시작하면서 주먹으로 탁자를 내리쳤다. "또 이러는군요. 저는 특정한 사고방식에 갇혀 있습니다. 이제 그런 생각에서 벗어나야 해요. 정말 간단한 일인데 생각만큼 쉽지 않군요."

존은 분명 몇 가지 사고방식에 빠져 있었다. 하지만 가장 중요한 것은 그가 자신을 모든 일의 원인으로 여겼다는 점이다. 자신의 삶뿐 아니라 다른 사람의 삶에 일어난 일까지 말이다. 존은 자신이 살이 쪘든 아니든 자녀들이 다른 요즘 아이들처럼 텔레비전을 보고, 게임을 하고, 정크

푸드를 먹도록 내버려둘 수도 있었다. 하지만 그는 그렇게 하지 않았다. "전부 제 잘못입니다. 저는 이 문제를 해결하기 위해 노력할 거예요. 실제로 많은 노력을 할 겁니다."라는 자신의 다짐을 정말로 실천했다. 존은 식단과 생활 방식을 근본적으로 바꿨다. 기내식을 채식으로 주문하기 시작했고, 헬스 마니아가 되었으며, 몇 차례 마라톤을 뛰기도 했다. 일반적으로 50대 남성에게 기대하는 것보다 다소 느리게 달리긴 했지만 그는 마라톤 코스를 경주 전날, 당일, 다음날 이렇게 항상 세 번씩 달린다는 사실에 자부심을 가졌다. 그는 과체중 청소년을 위한 의류 매장을 열어 아이들을 광고 모델로 세우는 대신 행동 심리학자에게 상담을 받아 아이들의 체중 감량에 도움이 되는 동시에 돈에 대해서도 가르쳐 줄 수 있는 금전적 보상 체계를 고안했다.

존은 이제 훨씬 좋은 건강 상태를 유지하고 있으며, 로스쿨 마지막 학년에 접어들었다. 그리고 청소년 비만을 치료하는 자신의 행동 과학 기법을 시장에 내놓기 위해 몇몇 회사와 협의를 진행하고 있다.

변명에 기대지 마라

우리는 문제의 책임을 받아들일지, 책임을 회피하는 방법을 찾을지 결정해야 하는 상황에 직면하곤 한다. 당신이 문제를 야기한 어떤 행동을 했다고 가정했을 때, 당신에게 열려있는 다양한 선택지와 결정을 살펴보자.

첫째, 당신의 행동에 따른 결과가 당신이 의도한 것이었는가? 그렇지 않은 경우 당신은 여전히 그 결과에 책임을 져야 하는가? 이것은 우리가 책임을 받아들이는 방식에서 매우 진지하게 생각해야 할 문제다. 예를 들어, 피의자에게 형사 책임을 부과하려면 범죄 의도가 제시되어야 한다. 이러한 의도는 단순한 과실과 매우 다르다. 정원용 호스를 인도에 걸치게 놔둔 바람에 집배원이 걸려 넘어져 다리가 부러졌다면 민사 소송에서 책임을 지게 될 것이다. 하지만 강도나 폭행에 무기를 사용한 경우처럼 범죄자로 기소되지는 않을 것이다. 물론, 스스로 책임을 받아들이거나 다른 사람에게 책임을 떠넘길 때 의도를 확인하기 위해 법정에 들어갈 필요는 없다. 하지만 진정한 어른이 되겠다고 결심하면, 의도에 대한 질문은 변명을 위한 또 다른 기회에 불과하다는 걸 알게 된다. 그리고 그런 변명에 가담하는 것을 거부하게 된다. 변명의 가장 큰 장점이자 정말 위험한 점은 무슨 일이 일어나든 변명은 항상 사용되기를 기다린다는 것이다. 누구나 모든 일에 변명을 댈 수 있다. 그리고 오늘날 사람들은 그 어느 때보다 변명에 능하다.

하지만 아무리 그럴듯해도 변명을 곧이곧대로 믿는 사람은 없다. 사람들이 당신에게 뭐라고 말하든, 당신이 변명을 하면 사람들은 그것이 변명임을 알아차릴 것이고 당신을 안 좋게 생각할 것이다. 반면 당신이 변명에 의지하지 않으면 사람들은 그것도 알아차릴 것이다. 그리고 변명에 기대지 않은 것에 대해 당신을 높이 평가할 것이다.

이것은 비즈니스에서 특히 그렇다. 15년 전쯤 이를 잘 보여 주는 전형적인 사례가 있었다. 어느 유명 제조사에서 널리 광고하던 제품이 안전하지 않은 것으로 드러났다. 그 기업은 수백만 달러의 손실을 안으며 시중에 판매되는 제품을 모두 회수했다. 그 기업이 파산했을까? 전혀 아니었다. 만약 다른 방식으로 대응했다면 그 기업은 소비자와 직원의 신뢰를 모두 잃었을 것이다. 그들은 실수에 대한 책임을 솔직하게 인정했고, 기업 이미지는 극적으로 높아졌다.

컴퓨터 칩을 만드는 선도 기업에서 최근 이와 반대되는 일이 일어났다. 새로운 마이크로프로세서의 성능이 기대에 미치지 못하자 이 회사는 '그것은 사소한 문제다, 어쩌다 한 번 생길 수 있다.' 등의 변명을 내세웠다. 하지만 그것을 정말로 믿는 사람은 아무도 없었다. 이 사례에서 컴퓨터칩 제조사는 결국 심한 비난을 받아 프로세서를 교체하게 되었다. 이는 그들이 처음에 취해야 했던 조치였다.

책임을 피하기 위해 내세우는 "그러려던 게 아니었다."라는 변명과 비슷한 것으로 "그땐 제정신이 아니었다."라는 변명이 있다. 이것은 그 자체로 하나의 카테고리가 될 만하다. 특히 법정에서 일시적인 정신 이상이나 그 밖의

스트레스 관련 증후군을 근거로 들어 변호하는 데 종종 이용되면서 아주 많은 관심을 받아 왔다.

한 친구가 뉴욕에 있는 동료와 함께 준비하던 공동 프레젠테이션을 위해 텍사스에서 로스앤젤레스로 출장 갔던 일을 이야기해 주었다. 그들은 전화로 연락하며 매우 신중하게 프레젠테이션을 계획했고 많은 문서들을 종합했다. 더불어 개인적인 인상이 대면 회의에서 정말 중요하다는 점을 알고 있었다. 이런 점에서 내 친구는 LA 회의에 매우 큰 자신감을 갖고 있었다. 뉴욕의 동료가 대단히 카리스마 넘치는 성격이었기 때문이다. 동료는 수염을 기른 건장한 체구의 남성으로, 언제나 선뜻 농담을 건네곤 했다. 정장은 절대 입지 않았고, 소매를 걷은 체크무늬 셔츠, 느슨하게 맨 니트 넥타이, 카키색 바지, 그리고 로퍼 차림이 그의 트레이드마크였다.

동료가 가장 즐겨 쓰는 말은 "한번 시작해 봅시다. Let's get

the show on the road."였다. 동료는 19세기 오리건 가도^{Origan Trail}*
로 향하는 마차 행렬을 총괄하던 마차장처럼 항상 열정적
으로 이 말을 했다. 무엇보다도 동료는 에스키모인에게도
냉장고를 팔 수 있을 정도로 자기를 선전하는 능력이 뛰어
났기 때문에 내 친구는 자신만만했다.

이처럼 에너지 넘치는 수완가가 프레젠테이션을 완전
히 망쳤을 때 내 친구가 얼마나 놀라고 실망했는지 상상
할 수 있을 것이다. 고객사 로비에서 동료를 만났을 때 내
친구는 눈앞의 광경을 믿을 수 없었다. 뉴욕의 동료가 그
저 멍하게 앉아 있었던 것이다. 동료는 맥 빠진 사람처럼
에너지라곤 찾아볼 수 없는 상태였다. 회의가 시작되자 내
친구는 어떻게든 동료의 공백을 메워 보려 했으나 동료는
더욱 무기력해지는 것 같았다. 내 친구는 매우 당혹스러웠
고 멀리 출장 와서 만난 고객들의 얼굴에서 이해할 수 없

---

* 미국 서부 이주자들이 이용한 길로, 미주리주에서 오리건주까지 약
3,200km에 달한다. – 옮긴이

다는 표정을 보았다. 체크무늬 셔츠를 입은 건장한 남자가 이상한 나라의 앨리스에 나오는 겨울잠 쥐처럼 고꾸라져 있었다. 그 모습을 보고 동료의 아이디어에 투자할 사람이 있었을까? 예상했겠지만 얼마 지나지 않아 그들은 고객사 밖으로 나와야 했다.

내 친구는 동료에게 도대체 뭐가 문제인지 물었다. 동료는 시차 때문이라고 답했다. "멀리 출장 왔더니 시차 때문에 피곤해서 그래요." 전혀 그답지 않은 대답이었다. 뉴욕에서 출발한 비행은 매우 힘들었으나, 보통 동료는 하루면 괜찮아지곤 했다. 그런데 이번에는 평소의 모습이 아니었다. 내 친구는 동료의 면전에 대고 비웃지 않기 위해 할 수 있는 모든 노력을 다했다.

"시차요? 그게 문제예요? 그게 전부라고요?"

"음, 꼭 그런 건 아니에요. 사실 다른 문제가 있어요."

친구의 되물음에 동료가 대답했다. 이제 내 친구는 더 걱정스러워졌다. 내 친구는 자신과 동료를 위해 침착하려 애쓰며 말했다.

"괜찮아요. 그 문제에 대해 이야기해 줄래요?"

"SAD예요." 동료가 말했다.

"그래요. 물론 그렇겠죠. 하지만 나는 당신이 감당할 수 있을 거라고 확신해요."

동료는 희미하게 미소 지었다.

"이해하지 못하는군요. SAD는 Seasonal Affective Disorder(계절성 우울증)의 약자예요."

내 친구가 깜짝 놀라며 듣고 있는 동안, 동료는 SAD의 영향으로 시차증후군이 더 심해졌다고 설명했다. 즉, 춥고 낮이 짧은 겨울 날씨로 인해 기분장애가 발생했던 것이다. 동료는 완전히 절망적인 목소리로 말했다.

"당신은 그리 춥지 않은 서부 지역에 살잖아요. 그게 어떤 건지 전혀 모를 겁니다."

물론 내 친구는 그게 어떤 건지 알고 있었다. 그리고 우리 모두가 알고 있다. 그것은 변명이고 책임 회피다. 즉, 아이처럼 행동하며 성장을 거부하는 것이다. 우리는 그것을 시차증후군이나 SAD, 아니면 어떤 이름으로든 부를 수 있다. 우리가 뭐라고 부르는지는 중요하지 않다. 내 친구는 심리 용어를 들먹이며 그럴듯하게 자신의 실수를 포장하는 그의 헛소리를 어떻게 생각하는지 말하고 싶었지만, 이 상황에서 품격 있는 조치가 무엇인지 알고 있었다. 그리고 확고한 품성을 보여 주기 위해 품격 있는 조치를 취하고 싶었다. 확고한 품성은 책임지는 것임을 기억하라.

리더는 책임감의 또 다른 이름이다

어느 곳에서든 리더가 되고 싶다면 어떤 일이 생기든 책임지는 것을 택해야 한다. 당신이 책임을 져야 하는지 여부에 관계없이 말이다. 그것은 배의 키를 잡는 것과 마찬가지다.

책임과 리더십의 관계를 좀 더 자세히 살펴보자. 이 주제에 대해 베어 브라이언트Bear Bryant가 말한 것이 있다. 브라이언트는 앨라배마 대학교에서 훌륭한 여러 미식축구팀의 감독을 맡았다. 최근 그의 기록이 깨지기 전까지 그는 미식축구 역사상 가장 많은 승리를 거둔 감독이었다. 브라이언트는 경기 중 자기 팀 선수의 실수가 곧 자신의 실수라고 여겼는데, 실수 없이 경기를 치르도록 선수들을 준비시키는 것은 전적으로 감독인 자신의 책임이라고 생각했기 때문이다. 브라이언트는 진정으로 리더의 역할을 받아들였고 그에 따르는 특별한 책임 또한 수용했다. 리더는 앞으로 직면할 도전에 대비하도록 부하 직원을 준비시킬 책임이 있다. 그리고 결과가 성공적이지 못하다면 부하 직원을 적절히 준비시키지 못한 책임을 져야 한다. 이는 너무 가혹한 기준처럼 보이겠지만 리더란 원래 그런 자리다. 책임과 리더십을 감당할 수 없다면 적어도 스스로 그것을 인정하고 다른 사람들이 당신에게 의존하지 않게 하라. 당신이 따르고 싶은 기준을 선택하고 그 기준에 충실해라.

고대 로마제국 시대에는 이러한 선택에 대해 흥미로운 태도가 있었다. 당시는 그야말로 잔혹한 세상이었다. 전염

병, 혁명, 이방인의 침략 등 어떤 일이든 일어날 수 있었고, 살아남는 것은 상류층에게도 큰 도전이었다. 그럼에도 불구하고 어떤 사람들은 더 많은 업적을 이루려고 시도했다. 예술가가 그림이나 조각을 창조하는 것처럼 당시 사람들은 자신을 창조하려는 전통이 있었다.

그들은 자신의 인생과 품성이 예술 작품처럼 아름다운 것이며 자신이 죽은 뒤에도 친구와 가족의 기억에 오래도록 남을 것이라고 생각했다. 이런 방식의 삶을 택한 사람들은 수도사도, 미학자도, 삶과 일상에서 동떨어진 사람도 아니었다. 그들은 그저 확고한 품성을 기르는 것에 매우 진지한 사람이었다.

로마 황제 마르쿠스 아우렐리우스Marcus Aurelius는 이런 유형의 대표적인 인물이다. 그의 일기에는 품성과 리더십을 키우는 데 관련된 모든 것이 담겨있다. 동시대 사람들이 남긴 그에 관한 기록을 보면, 그가 일정 기준의 책임과 품성에 따라 살고자 한 의식적인 선택이 드러난다.

이처럼 내적 자아를 키우는 방법에 대한 명확한 선택은 오늘날 보기 드문 모습이다. 대부분의 사람들은 훌륭한 사람이 되고 싶어 한다. 그들은 모든 면에서 윤리적이고 도덕적이며 성공한 사람이 되기를 원한다. 또 자신의 잠재력을 한껏 발휘하기를 원한다. 하지만 그들은 그것이 저절로 일어나는 일이라고 생각한다. 자신의 행동과 진정한 모습에 대해 책임을 의식하고 그 책임을 지속적으로 받아들여야 한다는 사실을 알지 못한다.

"내가 잠들어, 삶이 아름답다고 하는 꿈을 꾸었네. 내가 잠깨어, 삶이 의무임을 알았네.I slept and dreamed that life was beauty. I woke and saw that life was duty."라는 시 구절이 있다. 자신의 삶을 정말로 통제하고 싶다면, 다른 사람이 의지하고 리더십을 기대할 수 있는 사람이 되고 싶다면, 그 부담을 다른 누군가가 감당할 것이라는 꿈에서 깨어나야 한다.

책임을 진다는 것은 삶이 아름다울 수 없다는 뜻이 아니다. 현실에 눈을 뜬다는 뜻이다. 성공한 사람은 단순히 책임을 지는 데 그치지 않고 적극적으로 책임을 받아들이고자 열망한다. 이것은 성장하겠다는 의식적인 결정을 내리고 유소년기의 의존 욕구를 버림으로써 다른 사람이 의지할 수 있는 사람으로 거듭나는 것을 뜻한다. 게임의 승패가 걸려있는 순간 기꺼이 공을 잡으러 나서는 것이다.

UNSHAKABLE

6 장

웃기되
가벼운 사람은 되지 말자

어떤 남자가 대형 마트에 갔다. 그는 매장 곳곳을 돌아다니며 카트에 물건을 담은 뒤 계산대로 향했다. 점원은 카트 가득 담긴 물건을 보고 깜짝 놀랐다. "현금으로 하시겠습니까, 카드로 하시겠습니까?Will that be cash or charge?" 점원이 정중히 물었다. 그러자 남자는 다소 짜증스러운 얼굴로 점원을 보며 말했다. "저기요. 지금 좀 바쁘니까 그냥 외상charge으로 달아놔요."*

---

*   Charge는 '신용카드로 결제하다', '외상으로 달아 놓다' 두 가지 뜻이 있다. - 옮긴이

영미권 사람이라면 한 번쯤 들어본 농담일 것이다. 이
장의 주제가 '유머' 그리고 품성과 리더십에서 '유머의 역
할'이므로 재미있는 이야기로 시작하면 좋을 것 같았다.

확고한 품성의 측면 '유머'

자신의 뛰어난 유머 감각을 사람들에게 알리는 것은 대부
분의 경우 좋은 생각이다. 현대 사회에서 우리는 유머를
매우 중요하게 여긴다. 당신은 유머 감각이 뛰어난가? 나
는 당신의 대답이 긍정일 것이라고 추측한다. 거의 모든
사람이 자신의 유머 감각이 좋다고 생각하기 때문이다. 이
러한 견해에 대해서는 뒤에서 논의할 것이다. 우선 확고한
품성의 한 측면으로 유머가 얼마나 중요한지 강조하고 싶
다. 그러나 품성을 이루는 가장 중요한 요소가 무엇인지
100명에게 물어보면 유머를 꼽는 사람은 5퍼센트도 되지

않을 것이다. 사실 나는 전혀 없을 것이라고 생각한다.

프랑스의 정치철학자 알렉시 드 토크빌Alexis de Tocqueville
은 18세기 초에 발표한 미국 사회에 대한 연구에서, 만약
독재자가 미국을 통치하게 된다면 그 독재자는 유머 감각
이 뛰어난 사람일 것이라고 언급했다. 정말 그렇게 된다
면 다른 독재 국가와 전혀 다른 모습이 펼쳐질 것이다. 20
세기 역사의 한 축을 담당했던 공산주의 및 파시스트 독재
자들을 생각해 보라. 그들은 결코 재미있는 사람이 아니었
다. 재미보다는 분노를 표출하고 두려움을 만들어 내는 데
유능했다. 그렇다면 유머는? 있을 리가 없다.

미국인이 사랑하는 대부분의 국가 지도자들은 독재자
도 폭군도 아닌, 다른 사람을 웃게 만들고 스스로를 비웃
을 수 있는 사람이다. 에이브러햄 링컨Abraham Lincoln은 기
본적으로 다소 우울한 사람이었으나 유머가 넘치는 사람
으로도 유명했다. 링컨의 전기에 따르면 그는 우스갯소리
를 매우 좋아했으며, 중요한 일이 한창일 때에도 잠시 멈
춰 농담을 했다고 한다. 프랭클린 루즈벨트Ranklin Roosevelt, 존

케네디John Kennedy, 로널드 레이건Ronald Reagan 같은 역대 미국 대통령들은 자신의 정치 경력에서 갖은 우여곡절을 유머로 해결했다. 이들의 유머는 자신을 겨냥할 때가 많았다. 사람들은 이를 통해, 이들 지도자가 스스로를 농담거리로 삼을 만큼 강하고 자신감 넘치는 리더라는 걸 알 수 있었다. 뒤에서 논의하겠지만 이들은 적절한 시기에 적절한 방식으로 유머를 사용할 줄 아는 현명함 또한 갖추고 있었다.

어떤 사람에게서 그러한 능력을 발견하면 우리는 그 사람이 심각하거나 위험한 상황에서도 강하고 자신감 있게 대응할 것이라고 생각한다. 요컨대 미국인들은 뛰어난 유머 감각을 리더십의 전제 조건인 확고한 품성의 한 측면으로 여긴다.

하지만 나쁜 소식이 있다. 대부분의 경우 유머 감각은 배워서 얻을 수 없다는 점이다. 그것만으로도 유머는 지금까지 이 책에서 논의한 여러 특성들과 다르다. 두려움을 극복하는 법을 배우거나 완전한 겁쟁이가 용감한 리더로 바뀐 사례들은 많다. 어리석었으나 현명해지는 법을 배운 사람들, 거짓말쟁이였으나 정직하게 바뀐 사람들, 융통성이 없었으나 유연함을 배운 사람들도 있다. 하지만 재미없는 사람이 유머 감각을 배운 경우는 한 번도 보지 못했다.

유머와 착각의 상관관계

우리가 리더들의 유머에 그토록 강하게 반응하는 이유는 유머가 '정직'과 연관되기 때문이다. 나는 이러한 연관성에 충분한 근거가 있다고 생각한다. 진정한 유머는 정직하다. 거짓으로 꾸며낼 수 없기 때문이다. 우리는 똑똑한 척도, 심각한 척도 할 수 있다. 그런 자질은 언제나 꾸며 낼 수 있으며 늘 그렇게 하는 사람들도 있다. 그러나 재미있는 사람인 척 속이기는 불가능하다.

정말 아이러니한 것은 유머 감각이 좋은 척해야 한다고

느끼는 사람이 아무도 없다는 점이다. 모두가 자신이 정말 유머러스하다고 생각하기 때문이다. 사람들은 유머 감각이 없다고 고백하느니, 다른 부분의 부족함을 인정하려고 할 것이다. "어떻게 웃어야 할지 모르겠어요. 그냥 재미있는 상황이 싫어요. 항상 진지하게 있는 게 더 편해요."라고 말하는 사람을 본 적이 있는가? 나는 그런 사람을 본 적이 없으며 앞으로도 없을 것이라고 확신한다. 사실 어떤 사람이 유머 감각이 없다고 고백한다면 나는 그 말이 분명 농담이라고 생각할 것이다.

샘이라는 남자가 있다. 샘은 시무룩한 사람이었다. 그는 정육업에 종사했는데, 쉬는 시간이면 항상 단기간에 큰돈을 벌어들일 방법을 궁리했다. 그러던 중 1958년 여름, 전국을 휩쓴 훌라후프 열풍이 그에게 큰 영향을 주었다. 무슨 이유인지 그 해 여름 미국의 모든 아이들은 훌라후프를 하나씩 가지려 했고, 그 결과 훌라후프 제조사는 큰돈을 벌었다. 샘은 이러한 현상에 마음을 빼앗겼다. 훌라후프 대유행이 그의 상상력에 불을 붙인 것이다.

그는 정육업에서 꽤 많은 돈을 벌었음에도 불구하고 새로운 형태의 훌라후프를 만들기로 마음먹었다. 그리고 새로운 장난감을 개발하는 데 수천 달러를 쏟아 부었다. 그중 일부는 매우 기발했지만, 줄에 나무 블록을 매단 이상한 장치도 있었다. 어쨌든 유머라고는 전혀 없는, 이미 꽤 부유한 샘이라는 남자가 어처구니없는 장난감으로 수백만 달러를 벌려고 하는 모습은 매우 우스웠다.

얼마 후 장난감 사업에서 다소 안타까운 상황이 벌어졌다. 훌라후프 유행이 사그라든 것이다. 샘의 동료 한 명이 마침내 샘과 이야기를 하기로 마음먹었다. 샘보다 조금 어린 그 동료는 샘에게 매우 공손하게 접근했다.

"샘, 저는 좀 혼란스러워요. 새로운 장난감으로 돈을 벌려고 하셨잖아요. 그런데 실제로는 장난감을 개발하거나 남미에서 수입하느라 큰 손해를 보고 있어요. 무슨 생각인지 말씀해 주세요."

샘은 그를 바라보며 한숨을 쉬었다.

"우리가 하고 있는 이 사업은 매우 암울해요. 부업으로 다른 일을 해야겠어요. 소시지와 햄버거 만드는 일을 잊게 해줄 다른 일이 필요해요."

그러자 동료가 답했다.

"샘, 당신이 느끼는 바에 공감해요. 하지만 장난감 사업에 정말 재능이 있는 것 같지는 않아요. 당신이 잘하는 다른 일을 하는 건 어때요? 타고난 재능을 발휘할 수 있는 일말이에요."

샘은 잠시 침묵한 채 생각에 잠겼다. 그는 어깨에 세상을 모두 짊어진 것 같았다. 그리고 세상에서 가장 친한 친구를 잃은 것처럼 보였다. 마침내 그는 고개를 들고 이렇게 말했다.

"그래, 난 항상 유머 감각이 뛰어났어요. 그걸로 뭔가 할 수 있을 거예요."

대화를 나눈 뒤 샘은 텔레비전 코미디 프로의 대본을 쓰기 시작했다.

이렇듯 사람들은 자신이 재미없고 뚱한 사람이라고 인정하지 않는다. 그럴 바에는 다른 것을 인정하고 만다. 하지만 그렇다고 해서 유머 감각이 없다는 큰 약점을 비밀로 한 채 숨기려 들지도 않는다. 자신이 진짜로 매우 재미있는 사람이라고 생각하기 때문이다. 정육업자인 샘은 그런 사람의 완벽한 예시다. 다른 이들처럼 그는 자신이 뛰어난 유머 감각을 갖고 있다고 생각했다. 그리고 유머 감각을 발휘해 돈을 벌 수 있을 것이라고 생각했다. 유머가 불가사의하고 파악하기 어려운 특성인 것은 바로 이 때문이다.

유머에도 종류가 있다

갱스터 영화에서 조직폭력배 두목이 형편없는 농담을 하면 탁자에 둘러앉은 부하들이 두목의 눈치를 살피며 웃다가 적당한 시점에 멈추는 장면을 본 적이 있을 것이다. 그런 일은 조직폭력배 사이에서만 일어나는 것이 아니다. 기업 이사회와 의회에서도 매일 일어나며, 심지어 가족의 저녁 식탁에서도 일어난다.

모두가 자신의 유머 감각이 뛰어나다고 깊이 믿는 가운데 당신이 실제로 그렇지 않다는 것을 어떻게 알 수 있는가? 안타깝게도 알 수 없을 것이다. 가장 친한 친구조차 당신이 재미없고 분위기를 망치는 사람이라고 말하지 않을 것이기 때문이다.

조롱의 웃음

앞서 역사적으로 유머 부족이 독재자들의 특징이라고 말했다. 그것은 사실이다. 진정한 유머는 대부분 기존 체제를 뒤흔들기 때문이다. 유머는 독재자의 권력을 약화시키고 깎아내린다. 〈위대한 독재자The Great Dictator〉라는 영화에서 찰리 채플린Charlie Chaplin의 묘사만큼 아돌프 히틀러Adolf Hitler를 격분시킨 것은 없었다. 실제로 히틀러와 같은 날 태어난 채플린은 독재자의 세부 사항과 버릇을 모두 표현하는 환상적인 연기를 펼쳤다. 이 영화는 당시 어떤 책이나 뉴스보다 미국 국민들에게 나치 독재의 실체를 알리는 데 큰 역할을 했다.

이 같은 농담은 매우 특정한 반응을 이끌어낼 목적으로 만들어졌는데, 이것을 '조롱의 웃음Laughter of Ridicule'이라고 한다. 조롱의 웃음은 유쾌함을 가장한 적대감의 한 형태로, 그 대상을 파괴하려는 의도가 담겨 있으며 동시에 농담을 하는 사람과 듣는 사람에게 일종의 생존 메커니즘으로 작용한다. 농담을 통해 그들의 분노를 간접적으로 표현할 수 있기 때문이다.

만약 당신이 리더인데, 이러한 적대적인 유머가 당신을 향하고 있다는 사실을 발견한다면 당신의 어떤 행동이 부하 직원들 사이에서 이런 반응을 불러일으켰는지 스스로를 돌아보아야 한다. 그리고 그것을 찾아냈다면 곧바로 그 행동을 바꾸어야 한다. 조롱의 웃음은 리더에게 매우 나쁜 신호이며, 매우 심각하게 받아들여야 할 유머다.

공동체의 웃음

우리가 생각해 보아야 할 웃음의 종류가 몇 가지 더 있다. 코미디 영화를 볼 때 재미있는 일이 일어나기도 전에 관객들이 웃기 시작하는 것을 본 적 있는가? 주연 배우가 화면에 나와 그저 날씨와 같은 평범한 말을 할 뿐인데 관객들이 모두 웃기 시작한다. 나는 로빈 윌리엄스Robin Williams 와 스티브 마틴Steve Martin 같은 배우들의 영화를 보며 이런 일을 여러 번 경험했다. 이러한 웃음의 바탕에는 경험을 공유하고 싶은 욕구가 깔려있다. 즉, 그 경험에 함께 참여하고 싶은 것이다. 이것을 '공동체의 웃음Laughter of Community' 이라고 한다. 공동체의 웃음은 사람들이 농담을 이해했다는 것을 보여 주고자 할 때 발생한다. 종종 트렌드를 잘 몰라서 농담을 이해하지 못하는 사람들도 있지만, 대체로 사람들은 특정 농담이 어떻게 웃기려고 의도되었는지 이해한다. 이러한 웃음은 특히 젊은 층 사이에서 흔히 볼 수 있다. 반면 기성세대들은 이러한 웃음을 놓치는 경우가 많다.

인정의 웃음

아이러니는 오늘날 많은 유머의 바탕이 되고 있다. 본질적으로 아이러니는 특정 비율의 사람들을 배제하기 위한 것이다. 배제되지 않은 나머지 사람들은 집단에 들어갈 수 있음을 증명하기 위해 웃는다. 즉, 그들은 농담을 알아듣고 있으며 따라서 선택된 집단의 일원으로 인정받을 자격이 있다는 것을 보여 주기 위해 웃는다. 그래서 나는 이 웃음을 '인정의 웃음Laughter of Recognition'이라고 부른다.

의례적 웃음

'의례적 웃음Polite Laughter'은 웃음으로 반응해야 하지만 실제로는 웃을만한 이유가 없는 경우를 말한다. 상대에게 잘 전달되지 않고 의례적 웃음만 이끌어내는 농담을 해본 경험이 있을 것이다. 그리고 그런 농담에 의례적 웃음으로 대응해본 적도 있을 것이다. 이것은 분위기를 이어가기 위한 제스처일 뿐이지만 중요한 웃음이다. 옛 농담을 인용하면, 의례적 웃음을 받고 싶은 사람은 아무도 없다. "하지만 날카로운 막대기에 눈을 찔리는 것보다 낫다."

진짜 웃음

마지막으로 가장 중요한 웃음의 종류는 '진짜 웃음Real Laughter'이다. 이것은 자발적이고, 행복하며, 계획되지 않고, 숨은 의도가 없는 웃음으로 정말 재미있는 것을 보거나 들을 때 발생한다. 진짜 웃음은 유머의 가장 중요한 측면 중 하나이므로 좀 더 자세히 살펴볼 것이다. 진짜 웃음이 많을수록 당신의 삶은 더 좋아질 것이다.

아이들은 진짜 웃음에 대해 알려 주는 가장 좋은 본보기다. 아이들은 진짜 웃음에 모든 것을 쏟는다. 우리는 나이가 들면서 그런 모습을 상당 부분 잃어버린다. 당신의 자녀나 이웃집 아이 혹은 조카 등 당신이 자라는 과정을 지켜본 아이를 생각해 보자. 현재 어떤 관심사를 추구하든 어린 시절에는 그 아이가 신예 예술가 같았을 것이다. 아이들은 온갖 색깔과 무늬로 아름다운 그림을 그린다. 그 나이에는 선을 벗어나지 않아야 한다거나 특정 대상은 특정 색깔로 칠해야 한다는 등의 규칙이 없다. 아이가 대여섯 살이 되면 그림이 바뀌기 시작한다. 아이들은 네모 위에 세모를 그려서 집을 표현하고 그 옆에 세로로 막대기를 그린다. 이 나이의 아이들은 여전히 자기 그림을 자랑스러워하며 아기 때 그린 그림보다 크게 발전했다고 생각한다. 어떤 면에서는 그림이 더 발전했지만 아기 때보다 자유롭지 못한 부분도 있다. 이 시기에는 책임감이 생기기 때문이다. 아이들은 모든 것을 알맞은 위치에 놓고 모든 것을 알맞은 색깔과 크기로 그리려고 노력한다. 아이들의 그림이 바뀌는 것과 더불어 웃음에도 변화가 생긴다. 아이들의 웃음은 여전히 즐겁고 유쾌하지만 그 안에 더 많은 인식이 담기게 된다. 이것은 필연적인 변화인 것 같다. 영국의 시인 윌리엄 워즈워스William Wordsworth의 다음 시구처럼 말이다. "풀밭의 찬란함과 꽃의 광채, 그 시간을 되돌릴 수 없다 한들 어떠리. 우리는 슬퍼하지 않고 오히려 남은 것에서 힘을 찾으리."

아이들도 우리만큼 큰 고민과 걱정이 분명 많을 것이

다. 하지만 아이들은 많은 책임을 지지 않는다. 내일까지 지불해야 하는 청구서도, 진땀 나는 프레젠테이션이나 전화도 없다. 나이가 들면서 웃음을 억누르는 것은 바로 그런 종류의 책임이며, 그것은 피할 수 없는 일이다. 하지만 우리는 진짜 웃음이 우리 삶에 가능한 한 많아지도록 노력해야 한다. 그것은 영혼을 위한 일이다. 게다가 마음에서 우러나오는 웃음이 신체 건강에 도움이 된다는 증거도 있다.

리더십에서 유머의 역할

리더십, 특히 비즈니스나 경영에서 유머의 역할에 대해 몇 가지 현실적인 이야기를 하고자 한다. 회의나 컨퍼런스에서 사람들이 농담으로 시작하는 걸 본 적 있을 것이다. 비즈니스 회의에서 이루어지는 농담은 중요한 기능이 있다.

첫째, 모든 사람이 유머 감각을 공유하고 같은 것에 대해 웃고자 한다는 것을 보여 주는 일종의 유대 의식이다. 그 기능은 매우 분명하다.

하지만 그보다 미묘하면서 매우 중요한 농담의 기능이 있다. 어떤 면에서 농담은 그 상황에서 유머를 없애기 위한 것이다. 일단 농담을 하면 그 안에 유머가 압축되어 담기기 때문에 회의가 끝날 때까지 다시 등장하지 않는다. 매우 진지한 논의를 농담으로 시작하는 것이 좋은 이유는 바로 이 때문이다. 농담을 통해 유머의 순간을 경험하고 나면 회의의 진지한 분위기가 조성될 수 있다. 나는 이러한 현상을 여러 차례 경험했다. 농담을 올바르게 다루면 진지한 사람이라는 이미지를 강화할 수 있다. 농담이 끝나고 나면 원하는 만큼 진지한 태도를 취할 수 있다. 모든 유머가 농담에 압축되었고 이제 그 농담이 끝났기 때문이다.

농담을 하는 리더와 매우 다른 유형으로 일명 '재미있는 사람funny guy'이라는 유형이 있다. 이 둘은 매우 중요한 차이가 있다.

재미있는 사람은 농담의 역할이 나머지 상호작용을 강화한다는 걸 이해하지 못한다. 재미있는 사람은 농담이 잠깐 동안 중심이 되었다가 이후 완전히 사라지는 일종의 희생양임을 이해하지 못한다. 재미있는 사람은 계속 농담을 하는 사람, 즉 모두가 농담을 없애려하는 상황에 다시 농담을 끌어들인다. 솔직히 말해서 나는 재미있는 사람으로 중 효과적인 리더를 본 적이 없다. 게다가 재미있는 사람이 실제로 재미있으면 더욱 좋지 않다. 그는 그저 광대에 불과해지며 어느 조직도 광대에게 리더를 맡기지 않기 때문이다.

루즈벨트, 케네디, 레이건 등 앞서 언급한 리더들은 농담과 재치를 통해 인간미를 드러내고 적대감을 희석시켰다. 그들은 결코 재미있는 사람이 아니었다. 그들의 농담은 재미있지 않은 경우가 많았고, 그들은 유머의 상징이었다. 그리고 이처럼 상징적인 유머조차 매우 신중하게 적용했다. 그렇지 않았다면 그들은 미국 대통령은커녕 어떤 리더 역할에도 오르지 못했을 것이다.

재미있는 사람들이 처음부터 그랬던 것은 아니다. 일반적으로 그들은 몇 차례 밀려나고 제외된 뒤 실망감에 대처하기 위해 유머를 사용하는 사람들이다. 재미있는 사람들은 대부분 분노의 요소 또한 갖고 있다. 보통은 깊이 숨겨져 있고 자신도 의식하지 못하지만 그들은 더 이상 적절하지 않은 상황에서 계속 우스갯소리를 함으로써 무의식적으로 집단의 목표를 파괴하려고 한다. 효과적인 리더들은 이런 점을 알아본다. 그들은 재미있는 사람이 실질적인 책임을 지지 않도록 조치한다.

유머의 역설

다시 말하지만, 앞서 논의한 다른 자질들과 마찬가지로 유머에 대한 우리의 태도는 역설적인 부분이 있다. 우리는 다른 사람에게서 그리고 자신에게서 유머를 찾고 싶어 한다. 하지만 너무 많은 유머를 원하지 않으며, 어떤 상황에서는 유머를 전혀 원하지 않을 때도 있다. 리더들은 직관적으로 유머의 역할을 이해하고 적절한 때에 적절한 수준으로 유머를 적용한다. 그들은 삶의 여러 좋은 것들과 마찬가지로 좋은 것이 지나치면 없느니만 못하다는 사실을 알고 있다.

앞서 유머는 대부분의 경우 사람들에게 있거나 없는 것이라고 말했다. 다른 자기계발 역량과 달리 유머 역량을 향상시키기는 매우 어렵다. 아마 당신은 이런 의문이 들수도 있을 것이다. 그렇다면 이 모든 논의가 자기 모순적이라는 말이 아닌가? 유머 역량을 강화하기 위해 할 수 있는 것이 거의 없다면 유머에 대해 이렇게 많은 이야기를 하는 것이 무슨 의미가 있겠는가?

당신의 성격에서 타고난 유머의 비율을 정해진 수준 이상으로 높일 수 없을지라도 그것으로 끝은 아니다. 당신은 기본적으로 유머러스하게 삶을 대하는 법을 배울 수 있다.

아니, 삶을 '장난스럽게playful' 대하는 법이라는 표현이 더 적합할 것 같다. 나는 그렇게 할 수 있는 능력이 확고한 품성을 나타내는 매우 중요한 지표라고 생각한다.

현대 물리학은 생명체가 입자나 파동으로 작용할 수 있음을 증명했다. 빛이 파동처럼 작용하도록 실험을 설계하면 실제로 빛이 파동처럼 작용하는 것을 볼 수 있다. 빛이 입자처럼 작용하도록 실험을 설계하면 당연히 입자처럼 작용할 것이다. 그렇다면 빛의 실체는 무엇인가? 이 질문에 단순한 정답은 없다. 그것은 결국 인식과 기대의 문제이기 때문이다. 마찬가지로 인생은 희극이 될 수도, 비극이 될 수도 있다. 인생을 어떻게 보고 싶은지 결정하는 것은 언제나 당신의 권한이다. 나는 인생을 희극으로 보는 것을 좋아한다. 그리고 당신도 그러기를 강력히 추천한다. 내 말은 인생이 주말 저녁 텔레비전에서 보는 코미디 프로 같다는 의미가 아니다. 여기서 말하는 희극comedy은 고전적 정의에 따른 용어다. 즉 슬픔에서 행복으로, 최악의 시기에서 최고의 시기로, 빈곤함에서 부유함으로, 모든 면에서 발전하는 것을 뜻한다.

단테^{Dante}의 《신곡^{Divine Comedy}》은 작품 전체에 단 하나의 농담도 없지만 지옥에서 시작해 천국에서 끝나는 이야기라는 점에서 희극 그 자체이다. 하지만 대부분의 사람들은 단테가 《지옥^{The Inferno}》을 완성한 후 두 권을 더 썼다는 사실조차 모른다. 역사적으로 단테의 시에서 무섭고 고통스러운 부분에 초점이 맞춰졌기 때문이다. 당신도 주의하지 않으면 인생을 그렇게 대하고 있는 자신을 발견할지도 모른다.

우리는 진지함을 지성과 동일시하고, 불행을 감수성과 동일시하며, 희생을 도덕적 권위와 동일시하는 시대에 살고 있다. 요컨대 우리는 인생을 주로 희극보다 비극으로 보는 것을 선택한다. 하지만 그렇게 하는 한 당신은 성공의 가능성을 제한하게 될 것이다. 또 자신의 품성을 위해 아무 노력도 하지 않게 될 것이다.

유머는 오늘날 걷잡을 수 없이 만연한 부정적 생각과 비관주의를 멀리하는 가장 좋은 도구가 될 수 있다. 물론 유머가 사용하기 쉬운 도구는 아니지만, 나는 확고한 품성의 요소로서 유머의 중요성이 심하게 과소평가되어 왔다고 생각한다. 아일랜드의 극작가 겸 소설가이자 비평가 조지 버나드 쇼George Bernard Shaw는 이렇게 말했다. "나 아닌 다른 사람한테 일어나기만 한다면 무슨 일이든 재미있다." 하지만 정말 강인한 사람은 농담이 자신을 향할 때에도 웃을 수 있다. 빛이 다양한 실험에 부합하는 것처럼 인생과 자신의 상황에서 유머를 찾기로 결정한다면 당신은 유머를 찾을 수 있을 것이다.

인생을 희극으로 볼 수 있을 만큼 확고한 품성을 지녔다면 인생을 정말 희극으로 만들 수 있을 만큼 강인한 사람이다. 나는 이 점을 매우 중요하게 생각한다.

UNSHAKABLE

7장

목표는 뚝심 있게,
방법은 유연하게

자동차 회사 포드Ford Motor Company와 제너럴 모터스General Motors의 역사를 비교한 흥미로운 기사가 있었다. 미국 자동차 산업 초기, 포드 자동차는 단일화된 대량 생산 방식을 이용해 모델 T 한 가지, 그것도 검은색만 판매했다. 이를 두고 포드의 창업주 헨리 포드Henry Ford는 이렇게 말했다. "대중은 어떤 색상의 모델 T도 가질 수 있다. 그게 검은색이기만 하다면." 헨리 포드는 표준화와 효율적인 생산에 대해 몇 가지 훌륭한 아이디어를 갖고 있었다.

하지만 그러한 강점은 몇 가지 취약점을 드러냈다. 바로 유연성이 떨어진다는 점이었다. 유연할 필요가 없는 동안에는 모든 것이 괜찮았다. 그러나 제너럴 모터스가 등장하면서 상황이 바뀌기 시작했다. 제너럴 모터스는 다양한 색상의 자동차를 내놓았고 매년 새로운 모델을 출시하기까지 했다. 그동안 자동차 업계의 규칙을 만들어 왔던 포드는 그 규칙이 바뀌었음을 갑작스레 깨닫게 되었다. 경쟁이 업계의 판도를 바꿔놓았던 것이다. 포드는 선택을 제한하고 복잡함을 최소화함으로써 성공을 거두었지만, 바뀐 트렌드에 대한 적응과 변화를 피할 수 없었다. 일찍이 자동차 산업을 선도했음에도 불구하고 포드는 따라잡기에 나서야 했다. 그리고 침체에서 벗어나 부활하기까지 거의 70년이 걸렸다. 이는 사고의 경직과 편협한 생각이 유연성과 창의적 혁신에 부딪칠 때 생기는 일을 명확히 보여 준 사례다.

변화는 피할 수 없다

나는 가끔 늦은 오후 해질 무렵이면 세계 뉴스를 틀어놓고 전화는 자동응답기에, 저녁 식사는 전자레인지에 맡겨 둔 채 고속도로의 차량 흐름을 바라본다. 지난 50년 동안 세상이 얼마나 변했는지 돌아보면 감회가 새롭다. 초소형 컴퓨터, 초음속 여객기, 달 착륙, 이스라엘과 이집트의 평화, 공산주의 붕괴, 팩스, 화상 회의 등등. 이마저도 내가 평생 본 변화 가운데 몇 가지에 불과하다.

내 부모님은 20세기 초에 살았고 나보다 훨씬 더 큰 변화를 목격했다. 부모님은 미국이 38개 주에서 50개 주로 늘어나고, 말과 마차가 자동차로 교체되고, 철도 여행이 비행기 여행으로 바뀌는 것을 보았다. 또 양초와 석유램프가 전등에 자리를 내주고 실내 상하수도 배관, 전화, 라디오, 텔레비전이 보급되는 과정을 경험했다. 그것은 마치 한 행성에서 태어나 평화롭게 일상을 영위하던 중, 외계인에 의해 전혀 다른 낯선 세계로 한순간에 이동하는 기분이었을 것이다. 부모님은 전보, 철도, 증기선의 시대에 태어나 원자 시대의 탄생을 보았다. 미시시피강 서쪽에 무엇이 있을지 두려워하지 않았고, 버튼 하나만 잘못 누르면 전 인류가 멸망할 수도 있다는 사실을 깨달았다. 1950년의 세상과 20세기 초의 세상을 비교하면 20세기 초는 미래의 꿈이 실현된 공상과학 영화처럼 보였을 것이다. 그 변화는 누구도 예상하지 못한 방식이었다. 부모님은 엄청난 변화를 받아들였을 뿐만 아니라 변화와 함께 발전하고 번영했다. 집에 전기를 들여오고 삶을 변화시키며 시대와 함께 성장했다. 새로운 것을 환영했고 과거의 세상에 머무른 채 기존 방식만 고수하지 않았다. 유연한 태도를 지니며 뿌리를 깊이 내리고 번창했다. 원자력이 가져온 끔찍한 힘에 겁먹거나 마비되지 않았고, 최악의 결과뿐 아니라 최선의 결과 또한 믿었다. 그리고 인간의 본성과 생존의 의지를 알고 있었다. 어린 시절 부모님은 내게 세상 사람들이 내놓는 거창한 주장에 겁먹지 말라고 말씀하시곤 했다. 인류는 유능하고 적응력이 있었다. 생존에 대한 의지는 그 어떤 사람의 의지나 어떤 기계의 힘보다 강했다.

부러지기보다는
구부러지는 걸 택해라

확고한 품성은 경직된 품성이 아니다. 사실 그 반대다. 무언가가 옳다는 것을 알고 있을 때 단호한 태도를 취하고, 사람들이 반대할 때에도 옳은 입장을 유지하는 것은 중요하다. 하지만 인간은 신이 아님을 기억하는 것 또한 중요하다. 결코 실수하지 않는 사람은 없으며 절대 꺾이지 않는 사람도 없다. 간혹 오랫동안 불리한 흐름이 이어질 때, 당신이 확실하다고 생각했던 것이 사실이 아닐 수도 있다. 어떤 일을 수행할 때 여러 가지 방법을 찾는 것은 옳을 뿐 아니라 영리한 접근이다. 어떤 문제든 여러 해결책을 살펴보는 것이 현명하다. 다른 사람의 시각에서 상황을 보는 것은 훌륭한 능력이다. 오랫동안 유용했던 계획이 더 이상 효과적이지 않다면 다른 방법을 찾아야 할 때다. 구부리고, 나아가고, 변화하고, 절충하고, 이야기할 때다. 그렇지 않으면 거센 바람에 꺾인 나뭇가지처럼 부러질 위험이 있다.

오랫동안 지속하는 것, 당당하게 서 있는 것, 강인하지만 구부러질 때를 아는 것에 대해 나무는 우리에게 많은 가르침을 준다. 열대성 폭풍의 파괴적인 힘을 직접 경험한 적이 있다면 폭풍이 한 지역과 공동체에 어떤 변화를 가져오는지 알고 있을 것이다. 나는 허리케인을 겪으면서 거센 비바람이 폭풍의 길목에 서 있는 모든 것을 어떻게 파괴하는지 가까이에서 목격했다. 오랫동안 많은 비가 내려 땅이 완전히 잠겼고 큰 나무들조차 뿌리가 느슨해졌다. 동시에 강풍이 몰아쳐 수백 년 된 크고 단단한 나무들이 장난감 병사처럼 힘없이 쓰러졌다. 하지만 온 동네를 덮은 집채만한 버드나무들은 가벼운 바람이나 거센 돌풍에도 유연하게 휘어지며 우아하게 고개를 숙였다. 하늘이 맑게 갠 뒤 그대로 서있는 커다란 물체는 거센 바람을 견뎌낸 버드나무 밖에 없었다. 거센 폭풍에 저항하려 한 모든 것은 피해를 입거나 파괴되었다. 반면 강하지만 유연한 것들은 모두 살아남았다.

어릴 때 했던 묵찌빠 게임을 기억할 것이다. 주먹을 쥐고 셋을 셀 때 가위나 보로 손을 바꾸거나 그대로 주먹을 유지하는 게임이다. 가위는 보를 자르고, 보는 주먹을 감싸고, 주먹은 가위를 부수어 이긴다. 이때 가장 좋은 전략은 같은 것을 계속 내지 않는 것이다. 상대가 무엇을 낼지 추측해서 상대를 이길 수 있는 것을 내야 한다. 이 게임은 아이들에게 물질의 성질에 대해 생각하는 법을 알려 준다. 즉, 한 상황에서 강하거나 적절한 도구가 다른 상황에서는 부적절하고 패하는 도구가 되기도 한다는 걸 깨닫게 해 준다. 또한 이 게임은 상대가 다음 선택을 예측할 수 없도록 유연하게 대응하며 다양하게 접근하는 법을 알려 준다.

지금 우리가 목격하고 있는 거대한 변화(스마트 시계, 스마트폰, 인터넷, 우주 관광, 국제 무역의 경계 감소, 환태평양 지역 국가들의 부상, 유럽 강대국들의 쇠퇴 등.)가 우리의 삶과 우리 자녀들의 삶에 어떤 영향을 미칠지는 아직 지켜봐야 한다. 변화의 본질은 오늘날 매우 크고 중요해 보이는 현상이 역사 속에서 잠깐 반짝이는 불꽃에 그칠 수도, 새로운 현실을 여는 돌파구가 될 수도 있다는 점이다. 세상에는 우리가 생각조차 해 보지 않은 일들이 항상 있기 마련이다. 모호한 현상이 우리가 예상하거나 상상할 수 없는 세계적인 변화의 핵심 요소가 될 수도 있다. 이런 일은 역사적으로 흔히 일어났으며, 철저하게 세운 계획들이 때때로 잘못된 방향으로 흐르는 것은 바로 이 때문이다.

우리가 기대하는 결과가 전혀 나오지 않는 경우도 충분히 있을 수 있고 실제 그렇게 될 가능성도 있다. 따라서 아무리 준비를 많이 하거나, 익숙한 일일지라도 예상하지 못한 순간 차질이 생겨 운명의 반전이 다가올 수 있다. 그런 시기가 왔을 때 예상치 못한 상황을 극복하고 살아남는 사람은 적응할 준비를 갖춘 사람일 것이다. 그들은 자신의 자리를 지키며 방향을 전환하고 뒤로 물러나 충격을 감당할 다른 무언가를 찾을 것이다. 유연한 태도로 멀리 내다보고, 가능할 때와 불가능할 때를 예측하며 모든 가능성에 대비하는 것은 언제나 중요하다.

공자와 노자의 이야기

세계에서 가장 오래 지속된 제국은 중국이다. 수많은 왕조와 황제, 통치 기간이 있었지만 제국은 항상 지속되었다. 어떻게 그럴 수 있는가? 중국 제국이 그토록 오래 지속된 진짜 이유는 매우 다른 두 철학자의 학문 때문이었다.

첫째, 공자는 통치 체제의 확고한 토대를 이루는 사상을 마련하고 제국을 통치하는 데 필요한 이론을 제시했다. 그는 지배층이 어떻게 하면 국가에 대한 의무를 다하고 법과 질서를 지킬 수 있는지 구체적으로 설명하는 윤리 규범을 가르쳤다. 그는 근본적으로 법을 제정하는 사람이었고, 알 수 없는 미래를 항해하는 국가라는 배에 확고한 등대를 제공한 사상가이기도 했다.

두 번째 철학자인 노자는 매우 다른 관점을 갖고 있었다. 역사가들은 노자의 사상을 마술이나 신비로운 힘과 연관 짓는다. 하지만 그는 직관의 필요성과 변화에 빠르게 대응하는 능력을 매우 현대적인 방식으로 강조했다. 노자는 때로는 후퇴를 통해 전진하는 것이 최선이며, 때로는 몇 번의 전투에서 패함으로써 승리할 수 있다고 말했다. 그리고 단기적인 좌절을 받아들임으로써 장기 목표를 이룰 수 있다고 제시했다. 그에 따르면 바람에 구부러지는 키 큰 풀처럼, 장애물을 피해 새로운 길을 찾는 강물처럼, 때로는 견디는 것이 가장 좋은 방법이다. 해변에 부딪히는 강력한 파도는 바닷가의 모래를 쓸어가지만, 각각의 모래알은 그저 흐름을 따라갈 뿐 전혀 손상되지 않는다.

　이 두 가지 관점을 받아들임으로써 고대 중국의 황제는 현대식 내진 설계 건물과 유사한 구조를 발전시켰다. 즉, 토대는 튼튼하게 강화하되 흔들리고 구부러질 수 있는 여지를 둔 것이다.

유연성은 이론적으로 단순하지만 실제로는 대단히 어렵다. 따라서 우리는 통제할 수 있는 것과 통제할 수 없는 것을 구분하는 법을 배워야 한다. 유연성을 키우려면 탁월한 자기 인식과 철저한 자제력이 필요하다. 유연하다는 것은 약해지는 것이 아니다. 아무것도 할 수 없다는 생각으로 목적 없이 허둥대며 혼란스러워하는 것도 아니다. 유연해지려면 자기 규율이 필요하다. 더불어 냉철한 머리, 비판적인 시각, 침착함, 균형 감각, 판단력이 있어야 한다.

유연함은 고난에 맞서는 최고의 무기이다

지금까지 주로 '전술적 유연성'에 대해 이야기했다. 전술적 유연성은 다양한 대안에 대한 지식과 민첩성이 필요한 특정 상황에 적용된다. 이보다 어렵고 중요한 자질인 '내적 유연성'과 '장기 적응성'은 생존에 그치지 않고 성공을 이루고자 하는 사람에게 반드시 필요한 요소다.

내적 유연성

어떤 현자가 이렇게 말했다. "같은 강을 두 번 건널 수는 없다." 이처럼 매순간 모든 것은 변화하고 있으며 다음 순간은 결코 이전 순간과 같지 않다. 매번 어려운 성공을 이뤄내는 것은 다른 사람들의 상충되는 요구, 야망, 감정에 유연하게 대응했기 때문이다. 또한 운명의 장난과 자연의 변덕을 피하고 오늘의 문제를 해결하기 위해 어제의 해결책에 의존하는 일반적인 내적 경향에서 벗어났기 때문이다.

세계 역사상 가장 사치스럽고 막강했던 시기, 어쩌면 가장 안일했던 시기인 로마 제국 전성기에 스스로를 다스리는 방법을 알려 주는 철학이 등장했다는 사실은 매우 흥미롭다. 스스로를 금욕주의자로 칭했던 이들 철학자는 리더가 되는 것은 고사하고, 그저 살아남기 위해서라도 자신에게 영향을 미치는 상황에 대해 책임지는 법을 배워야 한다고 주장했다. 더불어 자신이 통제할 수 없는 거대한 바람 앞에서 구부리는 법을 알아야 한다고 강조했다. 이러한 자기 측정과 자기 통제는 성인이라면 누구나 갖추어야 할 품성의 한 부분이다. 성인은 가족의 리더이자 자신을 본보기 삼아 배우고 자라는 자녀의 리더다. 단호하지만 공정하게 행동하고, 명확하고 일관되지만 유연하게 대응하는 것이 바로 성숙함이다.

장기 적응성

아이들은 기쁨을 주는 존재지만 때로는 세상에서 가장 융통성 없는 고집쟁이가 되기도 한다. 상황이 원하는 대로 되는 경우는 거의 없기 때문에 아이들의 반응은 급격히 오르내리는 롤러코스터와 같다. 하지만 아이들은 의견이 형성되지 않았고 결과를 예상하게 만드는 경험 또한 부족하기 때문에 어른보다 훨씬 유연하게 적응할 수 있다. 아이들은 빈곤, 가혹한 생활 조건, 갑작스런 불행도 받아들일 수 있다. 아이들에게는 모든 상황이 똑같이 불가피하고 항상 존재했던 것으로 보이기 때문이다. 아이들은 골격과 기질이 어른보다 부드럽기 때문에 새로운 인상을 거부하거나 반대하기보다 잘 받아들이는 경향이 있다.

모든 특성과 재능은 축복일 수도, 저주일 수도 있다. 나이든 사람들은 자기 방식에 고착되기 쉽고, 신체적으로 뿐만 아니라 정신적으로도 취약해질 수 있다. 그들은 자신이 모든 것을 알고 있으며 모든 것을 본 적이 있다고 생각한다. 그들은 동맥경화와 굳어가는 생각에 맞서 싸우면서 아무것도 모르는 어린아이처럼 고집스럽게 행동한다. 그리고 종종 어린아이와 똑같이 해로운 결과를 초래한다.

삶의 크고 작은 변화에 적응하며 발걸음을 맞춘 노년의 인물을 생각하면, 보드빌* 배우 조지 번즈^{George Burns}가 떠오른다. 조지 번즈는 유성 영화 시대가 막을 올리기 전부터

---

*   버라이어티 쇼 형태의 연극 장르를 말한다. - 옮긴이

공연 업계에 뛰어들었다. 그는 아내이자 코미디 파트너인 그레이시 앨런Gracie Allen과 함께 순회 공연을 다니며 보드빌 무대에 올랐다. 그들은 무대와 영화, 라디오를 누비며 자신들의 방식으로 재미있는 이야기를 풀어냈다. 이후 텔레비전이 등장하면서 〈조지 번즈 앤 그레이시 앨런 쇼The George Burns and Gracie Allen show〉는 최고의 인기 프로그램 중 하나가 되었고, 수년 동안 매주 방송되었다. 그러던 어느 날, 그레이시 앨런이 세상을 떠났다. 조지 번즈에게 남은 것은 시가, 개그 대본이 가득 든 트렁크 하나, 은행에 예치된 몇백만 달러, 그리고 수많은 추억뿐이었다. 그렇다면 아내가 죽은 뒤 번즈는 은퇴했을까? 죽음의 신이 찾아올 때까지 느릿느릿 골프나 치고 다녔을까? 아니다. 번즈는 자신이 공연할 독백 형태의 새로운 연극을 썼다. 그리고 영화에서 새로운 커리어를 시작해 자신을 재창조했다. 그는 코미디 공연을 계속한 것은 물론, 흥행 영화와 텔레비전 작품에도 출연하며 왕성한 활동을 이어갔다. 나이가 들어서도 경력을 쌓아 나간 것이다. 그는 그 과정에서 융통성 없이 경직된 태도로 임하지 않았다.

유연성과 타협

유연성과 타협은 민주주의와 미국 생활 방식의 핵심이다. 개인 생활에서는 자신이 원하는 경우 단호한 태도를 취할 수 있으며 그로인해 자신이 이익을 얻거나 손해를 입을 뿐이다. 그러나 정치 무대에서는 다양한 입장을 지닌 여러 집단들이 타협하지 않는 경우가 많기 때문에 정부가 할 수 있는 방법은 모든 것을 협상할 수 있다고 선언하는 것밖에 없다. 정부는 어느 집단도 만족하지 않더라도 모두가 수용할 수 있는 방안을 찾기 위해 모든 것을 철저히 논의해야 하기 때문이다.

켄터키주의 헨리 클레이Henry Clay는 중재와 타협의 대가로 알려진 미국 정치인이다. 분별 있고, 지혜롭고, 유연했던 클레이는 다른 사람을 대할 때 한 가지 철칙이 있었다. 바로 합의를 먼저 깨지 않고 전에 일어났던 일이 다시 일어나지 않도록 하는 것이었다. 그는 이렇게 말했다. "어떤 사람이 저를 한 번 속이면 '불쾌하군.^{That's not nice}'이라고 생각합니다. 그리고 그것을 기억하지요. 같은 사람이 저를 두 번 속이면 '부끄러운 줄 아시오.^{Shame on you}'라고 생각합니다. 같은 사람이 저를 세 번 속이면 그동안 경고를 받았으니 내 태도를 바꾸어야 했는데 그렇게 하지 않은 내 잘못이며, '내가 부끄럽군.^{Shame on me}'이라고 생각합니다." 이 지혜를 한 문장으로 표현하면 다음과 같다. '한 번 속으면 불쾌하고, 두 번 속으면 네 탓이며, 세 번 속으면 내 탓이다.'

삶을 이루는 상황과 환경에 대한 대응 방식을 바꾸지 않는다면 당신은 유연하지 않은 것이며 한 인간으로서 가장 큰 자산을 버리는 것과 같다. 외부 사건을 완벽히 통제할 수 있는 사람은 아무도 없다. 하지만 그에 대한 대응은 언제나 통제하고 조정할 수 있다. 운명이 어떤 카드를 내놓을지 아는 사람은 아무도 없다. 하지만 그 카드를 어떻게 사용할지는 언제나 통제할 수 있다.

UNSHAKABLE

8
장

인내는 고난에 대한
적극적인 대응이다

당신이 인생에서 성취하고 싶은 것이 무엇인지 정확히 알고 있다고 가정하자. 당신은 좋은 교육을 받고, 성공적인 커리어를 쌓고, 수익성 높은 투자를 하고, 화목한 가정을 이뤄 자녀를 잘 키우고 싶다. 그리고 이러한 목표를 달성하기 위해 어떻게 해야 할지도 알고 있으며, 모든 계획을 매우 상세히 세워 놓았다. 하지만 이것으로 충분할까? 그렇지 않다.

아무도 견딜 수 없는 거대하고 막강한 힘이 있다고 생각해 보자. 이 거대한 힘은 언제나 활발히 작용하며 결코 멈추지 않는다. 단단한 암석을 깎아 결국 그랜드 캐니언을 만들어 내는 느린 강물처럼 말이다. 하지만 이러한 비교는 실제에 비할 바가 아니다. 내가 말하는 힘은 강, 바다, 빙하 등 어떤 자연현상보다도 훨씬 막강하고 위협적이기 때문이다. 인생의 목표를 달성하고자 노력할 때 이처럼 거대한 힘에 맞서 싸우고 싶은가? 아니면 이 거대한 힘이 당신을 위해 작용하도록 만들겠는가?

여기서 말하는 거대한 힘은 바로 '시간'이다. 시간은 세상에서, 심지어 우주에서 가장 강력한 힘이다. 물론 내가 던진 질문의 답은 아주 분명하다. 시간을 내 편으로 만들 수 있다면 어째서 시간과 싸우기를 택하겠는가? 평생 동안 흐르는 시간이라는 거대한 강을 이용하고 싶지 않은 사람이 누가 있겠는가? 시간의 힘을 이용해 당신이 존재하는 모든 영역에서 원동력을 얻고 싶지 않은가? 당신의 삶에 희망과 꿈 그리고 열망을 가득 채우고 싶지 않은가?

당신이 통제할 수 있는
일에만 집중해라

시간을 이용하는 방법은 단 한 가지, 바로 '인내'하는 것이다. 당신은 뉴잉글랜드의 어느 작은 집에 사는 사람으로, 그 어떤 겨울보다 짧은 시간에 기록적으로 많은 눈이 내렸다고 가정해 보자. 만약 폭설이 내리는 동안 잠자리에 든다면, 아침에 일어나자마자 문 앞에 쌓인 눈 더미를 삽으로 치워야 한다. 그렇기에 당신은 자기 전에 눈을 치워야겠다고 생각했다. 하지만 그렇게 하지 않았고, 그저 상황을 지켜봤다. 그리고 얼마 지나지 않아 자기 전의 노력이 필요하지 않았다는 걸 알게 됐다. 밤사이 계속 바람이 불어 집 앞에 쌓인 눈이 자연스럽게 치워졌기 때문이다. 덕분에 당신은 삽으로 힘들게 눈을 치울 필요가 없었고, 허리 통증이나 심장마비의 위험도 막을 수 있었다. 당신이 한 일은 단 하나, 기다리는 것이었다.

인내심을 가져라. 목표를 달성하려는 열망으로 모든 일

을 하는 사람들이 있다. 그들은 부엌에서 요리하는 즐거움을 위해서가 아니라, 먹기 위해 음식을 준비한다. 돈을 벌기 위해 사업을 시작하고, 건강한 몸을 만들기 위해 운동을 한다. 물론 이들 중 일부는 분명 성공적이고 체계적인 사람일 수 있다. 하지만 정말 확고한 품성을 지닌 사람은 성공을 도착 예정 시간이 정해진 한 지점이 아닌, 모험의 과정으로 여긴다. 성공을 한 지점에 도달하는 것으로 보는 접근은 조급한 생각이다. 조급한 생각은 큰 실수로 이어진다. 길 아래쪽이든, 산 정상이든, 만루 홈런을 치고 싶은 왼쪽 담장이든 먼 곳만을 보고 있으면 바로 코앞에 있는 것을 놓치는 경우가 많다. 즉, 아직 오지 않았고 앞으로도 오지 않을지 모르는 무언가를 보느라 지금 여기에서 얻는 삶의 즐거움과 재미를 보지 못한다. 진정한 인내심은 그저 기다리는 것이 아니다. 무언가가 일어나기를 바라며 하는 일 없이 지내는 것 또한 아니다. 인내심은 수동적인 특성이 아니다. 어떤 일이 진행될 기회를 열어 두면서 다른 사업을 모색하거나 다른 방향으로 나아가는 등 완전히 다른 일을 하는 것, 이것이 인내심이다.

한 동료가 내게 자신이 공항에서 겪은 일을 이야기해 주었다. 그는 전국을 돌며 강연회를 하고 있었는데, 시카고에서 비행기 환승이 지연되어 일등석 라운지에 머물던 중, 영화 〈진정한 용기^{True Grit}〉에 출연한 유명 배우 존 웨인 John Wayne을 닮은 남자와 대화를 나누게 되었다. 남자의 회사는 맨해튼에서 가장 중요한 몇몇 상업용 부동산을 건설한 회사였다. 성공한 사람이 성공한 다른 사람을 만나면 늘 물어보듯이, 내 동료는 남자에게 어떻게 성공했는지 물었다. 남자는 이렇게 대답했다.

"대학을 졸업하고 건설 분야에서 몇 년 동안 현장 경험을 쌓았습니다. 현장을 모르면서 사람들을 감독하고 싶지 않았어요. 나중에 직접 프로젝트를 진행하기 시작하면서 시멘트 회사 직원, 건축 감리사, 트럭 운송 회사 등 까다롭고 거친 사람들을 상대해야 했지만 그들에게 완고하고 어려운 사람인 척 하려고 한 적은 없었습니다. 제게 정직하게 대하면 저도 그들을 정직하게 대할 것이라고 솔직하게 말하곤 했어요. 저는 누구도 이용하려 하지 않았습니다. 하지만 다른 사람이 저를 이용하게 두지도 않았어요. 저는 언제나 훌륭한 카운터펀치를 날렸고 지금도 그렇습니다." 그는 이야기를 계속했다. "누구든 사업에서 저를 노린다면 확실한 기회를 잡는 게 좋을 겁니다. 저는 강하게 반격할 거니까요. 마치 체스처럼요. 하지만 바로 반격할 필요는 없습니다. 인내심을 갖고 적절한 순간을 기다려야 하죠. '자, 당신에게 기회가 있었으니 이제 내 차례야.'라고 상대에게 알려 줘야 합니다. 그렇다고 정말 그렇게 말하라는 건 아니에요. 자신의 생각을 입 밖에 내지 않아야 합니다. 언제 내 차례가 올지도 말하지 않아야 하죠. 그저 평소처럼 예의 바르고 친절하게 행동하면 됩니다. 기회를 기다리고 있다는 사실을 드러내지 마세요. 하지만 기회가 온다는 것을 믿으며 기다리는 겁니다. 투자와 마찬가지로 인내심이 필요해요. 가장 중요한 것은 인내심입니다."

우리는 이 이야기에서 교훈을 얻을 수 있다. 비행기 출발 시각처럼 자신이 영향을 미칠 수 없는 일에 집중하지 마라. 대신 자신이 통제할 수 있는 일에 집중하라. 그리고 배움을 얻을 수 있는 사람을 만나면 기회가 있을 때 배울 수 있는 모든 것을 배워라. 또한 우리는 인생을 바꿀 수 있는 정보를 제공해 줄 책이나 기사를 언제 접하게 될지 모르며, 당신이 알아야 할 정보를 누가 정확히 가르쳐 줄지 모른다. 지금 당장은 알 필요가 없더라도 앞으로 어느 시점에는 알아야 할지도 모른다. 그 시기는 15년 후일 수도, 15분 후일 수도 있다.

성급함은 실패의 가장 큰 이유다

나는 직설적으로 말하는 것을 어느 누구 못지않게, 아니 어느 누구보다도 중요하게 생각한다. 시, 연극, 영화 등에나 어울릴 법한 비유적 표현으로 당신의 시간을 빼앗고 싶지 않다. 하지만 인내심과 인내심의 역할이라는 주제에 관해서는 정원이 우리에게 많은 교훈을 준다. 바로 뿌리기와 수확하기, 가꾸기와 지키기에 대한 교훈이다.

오래 전 할리우드에서 활동했던 코미디 배우 W.C. 필즈^{W.C. Fields}의 일화가 있다. 필즈는 백년에 한 번 꽃이 핀다고 해서 백년식물이라고 부르는 특이한 선인장을 구입했다. 하지만 실제로 꽃이 피는 데 걸리는 시간은 이보다 훨씬 짧았다. 어쨌든 필즈는 곧 꽃을 피울 것이라는 꽃집 주인의 이야기를 듣고 백년식물을 샀다. 정말 흥분되는 일이 아닌가! 인색하기로 악명 높은 이 코미디언이 백년식물의 꽃을 볼 수 있는 희귀한 기회를 얻기 위해 많은 돈을 지불한 것이다. 필즈는 역사적인 사건을 보기 위해 친구들을 모두 집으로 초대했다. 손님들이 도착하고 음식이 제공되는 가운데 모두의 눈이 백년식물에 쏠렸다. 하지만 꽃은 피지 않았다. 분노하고 당황한 필즈는 승마용 채찍을 가져와 "꽃을 피워! 바보야, 꽃을 피우란 말이야!"라고 소리치며 백년식물에 마구 휘두르기 시작했다.

이 이야기에서 알 수 있듯이, 일을 서두르기 위해 무엇이든 시도할 수 있지만 생각처럼 빨리 진행되지 않을 때가 많다. 사실 효과가 있는 것은 단 한 가지, 인내심뿐이다. 이상하게도 젊은 사람들은 세상 경험이 많은 사람들에 비해 인내하는 것을 훨씬 더 어려워한다. 나이가 들수록 때로는 기다릴 시간이 현저히 줄어드는 데도 불구하고 더 잘 기다린다. 나이든 사람들은 신속하고 단호하게 행동하는 법을 배워야 하는 반면, 젊은 사람들은 기다리는 법을 배워야 한다. 젊을 때는 시간이 아주 많아서 그 시간을 빨리 쓰고 싶어 한다. 젊은 사람에게 인내심은 보기 드문 자질이자 강력한 힘이다. 젊은 사람의 성급함을 어떻게 설명할 수 있을까? 그들이 성급한 것은 10대나 20대 초반에는 운전면허 취득, 졸업, 취업, 배우자 찾기 등 거쳐야 할 단계가 많아 1년이 매우 긴 시간처럼 느껴지기 때문일 것이다. 5년은 영원처럼 느껴지고, 10년은 상상조차 할 수 없다. 하지만 나이가 들고 성숙해진 사람은 10년, 20년, 심지어 30년을 돌아보며 그동안 쌓은 지식을 토대로 인내심과 균형감을 키운다.

인내의 또 다른 이름, 균형

혼란스러울지도 모르지만 모순적으로 들릴 수 있는 의견을 제시하고자 한다. "인내심 있는 사람은 성급한 사람보다 돈이 적을지라도 항상 더 부유하다." 이 말은 무슨 뜻인가? 부는 돈 이외의 다른 형태를 지닐 수 있다. 그렇다면 어떤 의미에서 인내심 있는 사람이 더 부유한 것일까? 답은 매우 간단하다. 인내심 있는 사람은 언제나 기다릴 수 있기 때문에 성급한 사람보다 항상 부유하다. 인내심 있는 사람은 결코 절망하지 않으며 여유가 있다. 반면 서두르는 사람은 시간에 관한 한 늘 파산 직전에 놓여 있다. 어떤 상황에서든 성급함은 나약함과 두려움의 근원인 반면, 인내심은 본질과 힘의 원천이다.

인내심이 있는 사람은 그렇지 않은 사람에 비해 헤아릴 수 없이 많은 이점을 얻는다. 바로 훌륭한 품성을 나타내는 특징인 '자신과 타인에 대한 깊은 통찰력'이다. 단기적인 것만 보고 지금 이 순간에 대해서만 생각한다면, 눈이 하나뿐인 사람이나 마찬가지다. 그 사람은 거리를 가늠할 수 없으며 2차원의 평면 세상에서만 산다. 다시 말해, 성급한 사람은 균형감이 부족하다. 균형감이 있으면 이미 일어난 일뿐만 아니라, 미래에 대한 열망과 비교하여 현재의 상황과 계획을 평가할 수 있다. 그때와 지금, 여기와 저기, 가까운 것과 먼 것, 필요한 것과 알고 있는 것, 지켜보는 것과 기다리는 것 등등, 인내심 있는 사람은 이러한 이중 관점을 통해 입체적으로 세상을 바라볼 수 있다. 반면 근시안적인 사람은 현재만 보고, 몽상가는 상상 속 미래만 보면서 목표에 도달하고자 애쓰다가 실수에 걸려 넘어진다.

20세기의 역사는 인내심과 균형감의 가치에 대해 우리에게 많은 교훈을 준다. 역사는 시간이 가장 강력한 협력자라는 사실을 입증했다. 어떤 역경에 직면하든 시간은 시간을 자기편에 둔 사람에게 힘을 준다.

이러한 사실은 제2차 세계 대전이 진행되는 동안 확실히 증명되었다. 독일은 공군과 육군이 예고 없이 기습하는 전격전blitzkrieg을 실시해 폴란드를 먼저 침공하고 이후 서유럽 국가들을 공격하며 전쟁 초반에 막대한 성공을 거두었다. 일본 또한 기습 공격을 성공시키며 진주만의 미군 함대를 폭격했고 거의 결정적 우위를 점했다. 하지만 독일과 일본에 맞선 연합국들은 시간이 자신의 편임을 알았고 인내할 준비가 되어 있었다.

많은 역사책에서 다루지 않은 내용이지만 제2차 세계대전에서 가장 중요한 사건 가운데 하나는 진주만 공격이 있기 몇 달 전 미국에서 일어난 일이었다. 당시 미군은 전 세계로 확산되고 있는 전쟁에 참전할 준비가 되었는지 자체적으로 평가하기 위해 루이지애나에서 대대적인 군사 훈련을 실시했다. 그리고 공교롭게도 이 훈련을 통해 미군의 두드러진 결함을 발견했다. 많은 사람들의 예상대로 미군이 섣불리 전쟁에 뛰어들면 군을 재건하고 현대화하는 데 오랜 기간이 소요될 것이 확인된 것이다. 미군은 열악한 구식 장비로 전 세계에서 싸우는 동시에 재건과 현대화를 이루어야 했다. 미군의 전쟁 무기가 현대적인 수준으로 올라서기까지 많은 인내와 노고, 희생이 뒤따랐고 3년

가까운 시간이 걸렸다. 하지만 프랭클린 루즈벨트^{Franklin D.}
^{Roosevelt} 대통령과 드와이트 아이젠하워^{Dwight Eisenhower}, 더글
러스 맥아더^{Douglas MacArthur}를 비롯한 장군들은 기다림이 그
만한 가치가 있으며 현대화가 완료되면 승리가 확실하다
는 것을 알고 있었다.

대서양 반대편에서도 비슷한 이야기가 펼쳐졌다. 윈스
턴 처칠은 영국이 수개월에서 수년까지 폭격과 침공 위협
을 견뎌야 한다는 점을 알고 있었다. 하지만 시간이 자신
의 편이라는 점 또한 이해했다. 영국 국민들은 인내와 용
기로 폭격이 끝나기를 기다렸다. 마침내 전세가 역전되기
시작했고 전 세계는 인내가 역사상 가장 파괴적이었던 공
격을 물리칠 것임을 확신했다.

러시아 또한 비슷했다. 1년 넘게 레닌그라드 봉쇄가 이
루어졌지만, 러시아 국민들은 인내의 가치를 어느 누구보
다 잘 알고 있었다. 100여 년 전, 혹독한 기후와 광대한 국
토 덕분에 나폴레옹이 이끄는 프랑스군을 물리쳤기 때문
이다. 이번에도 자연의 힘은 새로운 침략군을 무너뜨렸다.

인내심 덕분에 미국, 영국, 러시아는 기습 공격으로 신속한 승리를 기대했던 적군을 물리치고 제2차 세계대전에서 승리를 거뒀다.

인내와 자녀 양육의 상관관계

인간의 활동 중에서 자녀 양육보다 더 많은 인내심이 필요한 영역은 없다. 육아를 시작할 때 인내심이 없다면 어떤 식으로든 인내심을 배우게 될 것이다. 아기는 10개월 후에 태어난다. 예비 엄마가 임신 중에 지친다면 너무나 안타까운 일이다. 아기가 태어나고 나면 부모가 통제할 수 없을 정도로 빠르게 성장하고 발달하기 때문이다.

두 살짜리 아이에게 천체물리학 책을 사 주면서 제2의 아인슈타인을 키울 수 있다고 생각하는 부모들 혹은 아이에게 하루에 한 시간씩 피아노 연습을 시키면 제2의 모차르트가 될 거라고 생각하는 부모들이 있다. 물론 이것은 전혀 효과가 없다. 이런 방식은 진정한 영재는 자신만의 시간표에 따라 성장한다는 사실을 무시한다. 설령 효과가 있다 해도 대부분의 경우 결과는 기대했던 것과 전혀 다르다. 예를 들어, 모차르트는 말년에 매우 어렵게 살다가 이른 나이에 세상을 떠났다. 이것은 그가 다른 아이들보다 너무 일찍 성장했기 때문이다. 그는 어린 시절이 없었고 서른 살에 이미 노인이었다.

아이에게 무언가를 효과적으로 가르치는 데에는 물리학 교과서도, 수 시간의 음악 연습도, 어떤 강요도 필요하지 않다. 필요한 것은 단 하나, 인내심이다. 냉정한 비유처럼 들릴 수도 있지만 자녀 양육은 어떻게 보면 투자와 비슷한 면이 있다. 투자는 언제 현금화가 필요한지에 따라 많은 것이 좌우된다. 급히 서두른다면, 내일 당장 결과를 얻으려 한다면, 모든 사람에게 큰 압박을 가하게 되고 엄청난 실망이 따를 것이다. 반면 기다릴 여유가 있다면 어려운 시기를 이겨 내고 결국 수익을 얻게 된다.

두 가지 인내심

이상하게도 몇 년을 기다리는 것이 며칠 심지어 몇 분

을 기다리는 것보다 쉬운 경우가 있다. 초등학교, 중학교, 고등학교를 거쳐 졸업할 때까지 12년을 기다려야 한다는 사실 때문에 견디기 힘들어 하는 사람은 아무도 없다. 적어도 11년 6개월은 인내심에 한계가 오지 않는다. 하지만 비행기를 탈 때까지 45분을 기다려야 하거나, 뭔가 좋지 않은데 치과 대기실에서 20분을 기다려야 하는 상황은 감당하기 어려워한다. 다음 월급날은 착실하게 기다리면서도 붐비는 슈퍼마켓 계산대에서 참을성 있게 기다릴 수 있는 사람은 얼마나 될까? 기차 승강장에서 연착된 기차를 차분하게 기다릴 수 있는 사람은 얼마나 될까?

이처럼 인내심에는 두 종류가 있다. 첫 번째 인내심은 장기적인 목표를 세우게 해 주며 더 풍요로운 내일을 약속한다. 두 번째 인내심은 줄을 서서 기다리거나 시계를 보거나 물이 끓기를 기다리는 동안 온전한 사고와 사회성을 유지하도록 도와준다. 매우 다르면서도 같은 두 가지 인내심은 품성에 깊이 내재되어 있으며 본성에 근본적인 영향을 미친다.

의사들은 사소한 일에 화를 내지 않는 것이 자신과 주변 사람들에게 더 좋다고 말한다. 짜증나고 방해되는 일이 생길 때 흥분하지 않으면 혈압이 낮게 유지되고 친구와 이웃이 행복할 수 있기 때문이다. 삶의 작은 문제들을 침착하고 인내심 있게 맞이하라. 문제를 바라보고 충분히 생각할 시간을 갖는다면 거의 모든 문제를 해결할 수 있다. 물론, 이러한 원칙을 이해하고 말하기는 매우 쉽지만, 실천하려면 확고한 품성을 지녀야 한다.

인내의 진정한 이점은 결과가 아닌 과정에 있다

사람들이 "마흔 살이 되면 백만 달러를 벌고 싶어." 또는 "마흔다섯 살이 되면 은퇴하고 싶어."라고 말할 때 나는 어떻게 반응해야 할지 난감하다. 목표와 기한의 이러한 조합은 근시안적이고 다소 순진한 생각으로 보인다. 가치 있는 목표를 예정된 시간표에 끼워 맞추기 때문이다. 물론, 백만 달러가 자신에게 어떤 의미인지 알고 있을 수도, 은퇴 후의 삶에 대해 정말 흥미로운 계획이 있을 수도 있다. 하지만 나는 사람들이 미래의 어느 순간에 어떤 사람이 될지, 무엇을 생각할지, 무엇을 느낄지 합리적으로 예상할 수 있다고 생각하지 않는다. 그런 생각은 성공의 핵심을 놓치고 있다. 진정한 성공의 결실은 몇 살에 얼마를 벌었는지도, 어떤 수치를 달성했는지도 아니다. 진정한 결실은 '성공에 이르는 과정에서 발전시킨 자신의 품성'에서 찾을 수 있다.

한 청년에게 나이가 매우 많은 부자 삼촌이 있었다. 삼촌이 죽자 변호사는 그 청년을 불러 삼촌이 막대한 유산을 남겼다고 말해 주었다. 하지만 유산을 받으려면 특정 과제를 수행해야 했다. 종이 한 장에 적힌 그 과제는 간단해 보였다. 그러나 과제를 완수하려고 하자 첫 번째 과제는 두 번째, 세 번째 과제로 이어졌다. 삼촌의 마지막 부탁을 쫓으며 젊은이는 낯선 땅에서 이국적인 모험과 이루 말할 수 없는 위험을 겪었다. 몇 년이 지나자 청년은 자신이 이 긴 여정을 어떻게 그리고 왜 시작했는지 거의 잊어버렸고 그 끝이 어떻게 될지 상상할 수도 없었다. 마침내 그는 여정이 시작되었던 바로 그 변호사 사무실로 돌아왔다. "유산을 받으러 왔습니다." 그는 더 이상 풋내기 청년이 아닌 훨씬 현명한 사람이 되어 있었다. 변호사는 웃으며 말했다. "삼촌의 의도대로 당신은 그동안 가본 곳과 배운 것을 통해 이미 유산을 받았습니다. 그리고 삼촌의 의도대로 그것은 당신에게 평생 남을 겁니다."

너무 쉽게 또는 너무 빨리 얻은 성공은 오래 가지 못한다. 그런 성공을 이룬 사람들은 그 성공이 진짜가 아니라는 불안함을 항상 느낀다. 그리고 그 감정은 그들의 품성을 조금씩 갉아먹는다. 만약 운이 좋고 똑똑하다면 그들은 전혀 익숙하지 않은 분야임에도 새로운 도전을 이끌어낼 수 있을 것이다. 단, 갑작스러운 행운을 견뎌내기 위해선 품성을 키워야 한다. 그것은 긴급 상황에서 개발되는 품성이다. 하지만 이것은 사실 본말이 전도된 경우다. 여기에는 어떤 기다림이나 계획, 예상도 포함되지 않기 때문에 인내심이 필요하지 않다. 이는 품성을 시험하는 것이라기보다 한 사람의 성장을 시험하는 것에 가깝다.

확고한 품성을 이루는 자질들은 역설적이게도 반대되는 자질들을 요구하는 경우가 많다. 인내심도 예외는 아니다. 인내심은 내년까지 기다린다는 뜻이 아니다. 올해까지 기다리지만 그래도 안 될 경우 내년까지 기다리는 것을 의미한다.

나는 백열 전구를 발명한 세계적인 발명가 토머스 에디슨Thomas Edison이 인내심을 가장 잘 표현했다고 생각한다. "모든 것은 기다리는 사람에게 찾아온다. 하지만 열심히 노력하며 기다리는 사람에게는 더 빨리 찾아온다." 어떤 일에 최선을 다하되 결과에 연연하지 말아야 한다. 이것이 인내심의 본질이다. 특정 나이까지 일정 금액을 버는 것이나 시간이 끝나기 전에 경기에서 이기는 것과 전혀 다르다. 정말 중요한 것은 시계를 계속 작동시키는 것이다. 진정으로 승리하는 방법은 시간이 얼마나 걸리든 경기를 계속하는 것이다.

UNSHAKABLE

9
장

'나'를 믿는 것이
우선이다

확신은 확고한 품성을 이루는 중요한 자질이다. 이것은 일종의 낙관주의, 즉 내가 원하는 방식으로 일이 진행될 것이며 그렇게 만들 수 있다는 강한 믿음이다. 확신은 확고한 품성을 이루는 자질 중 가장 파악하기 어렵고 많은 오해를 받는 자질이기도 하다.

우리는 확신 있는 사람을 어떻게 알아보는가? 멋지게 차려입고 힘차게 악수하며 환한 미소를 짓는 사람인가? 그럴 수도 있다. 하지만 나는 우리가 스스로에 대해 갖는 확신이나 내면에 지닌 확신보다 다른 사람에게 주는 확신이 더 크다고 생각한다.

확신은 타인과 긍정적인 관계를 만드는
핵심 키워드이다

'confidence(확신)'라는 단어는 'confide(신뢰하다, 믿고 털어
놓다)'에서 비롯되었다. confide는 '함께'를 뜻하는 라틴어
con과 '신뢰 또는 믿음'을 뜻하는 라틴어 fid에서 유래된
합성어다. 비즈니스에 성실히 임할 때, 제안이 이루어지고
실제 자금이 뒷받침될 때, 약속을 하고 그것을 지키려 할
때, 우리는 그것을 '진실한 제안', '선의의 제안'이라고 한다.
이처럼 확신은 신뢰를 불러일으키는 것과 관련이 있으며,
이는 다른 사람에 대한 믿음이 있을 때에만 가능하다.

확신은 낯선 사람들이 가득한 방에 들어가 누구와도 두
려움 없이 이야기할 수 있게 해 주며, 침착한 태도를 지니
게 만든다. 따라서 확신 있는 사람을 보면 그 방에 있는 낯
선 사람들은 그 사람과 이야기하고 싶다고 생각하게 된다.
반면 언짢은 사람은 주변 사람들까지 언짢게 만든다. 기분
좋은 사람은 다른 사람들도 기분 좋게 만들고, 그들은 자

기 내면에 있는 것, 즉 당신이 전한 확신을 돌려 준다. 이것은 오케스트라에서 A음을 내면 A현을 가진 모든 악기가 공명으로 응답하는 것과 같다. 확신은 올바른 음이고 다른 사람들의 확신은 공명인 셈이다. 확신은 사람들이 당신의 말을 믿고 싶게 만들고, 당신의 모습을 있는 그대로 받아들이고 싶게 만든다.

확신은 하루를 보내는 동안 또는 삶을 살아가는 동안 두 사람 사이에 오가는 단순한 감정 이상의 의미를 갖는다. 확신은 사회 질서의 기초가 되며, 화폐 제도의 토대를 이룬다. 생각해 보라, 달러 지폐에는 "우리는 신을 믿는다. In God We Trust"라는 문구가 새겨져 있다. 미국 국민들은 정부가 달러의 가치를 뒷받침한다고 확신한다. 또한 인프라와 제조 능력, 소비자의 시장 주도가 내일도 오늘처럼 지속될 것이라고 믿는다. 우리는 모든 것이 쇠퇴하지 않고 성장한다고 확신한다. 그렇기 때문에 주식을 매매하고, 선물을 거래하고, 산업에 투자한다. 이것이 바로 글로벌 기업의 정신이다. 이러한 체계는 금이나 물질적 소유가 아닌 신뢰와 확신을 기반으로 한다. 거래 파트너, 은행, 구매자의 의도, 판매자의 신용 등 다른 사람에 대한 선의의 확신이 없다면 세계 경제 시스템과 각국 정부는 무너질 것이다. 그러면 무엇이 남게 될까? 아무것도 남지 않는다! 폭력과 물리적 위협에 의한 초기의 야만적 통치만 남을 것이다. 이처럼 확신은 적절한 환경이 주어지면 더욱 커지고 활발해질 수 있는 강력한 힘이다.

자신에 대한 확신이
곧 타인에 대한 신뢰를 만든다

자신에 대한 믿음이 확고한 사람은 다른 사람 또한 믿을 수 있다. 반면 자신에 대한 불신은 만나는 모든 사람에 대한 불신을 야기한다. 확신 있는 사람은 다른 사람이 자신에 대한 신뢰를 가질 수 있도록 자신감을 심어 준다. 그렇다면 어떻게 확신을 개발하는가? 어떻게 하면 다른 사람들이 나를 믿도록 스스로를 믿을 수 있는가?

조지 워싱턴 이야기

조지 워싱턴은 영국과 벌어진 독립전쟁 당시 미군 사령관이었다. 대륙 회의Continental Congress*는 어째서 워싱턴에게 지휘를 맡겼는가? 지주이자 측량사이며 공식적으로 영국 국왕 조지에게 충성했던 그는 어떻게 식민지 주민들에게 세계에서 가장 부강한 나라의 노련한 군대를 상대로 목숨을 바쳐 싸우도록 요청할 수 있었는가?

워싱턴은 영국 국민이었으나 그의 뿌리는 미국에 있었고, 그에게 삶을 준 땅은 영국이 아닌 미국이었다. 젊은 시절 워싱턴은 영국이 프랑스, 인도와 전쟁을 치르는 동안 영국군과 동행하며 아직 알려지지 않은 신대륙의 영토를 조사했다. 따라서 워싱턴은 자신이 싸워야 할 지형과 맞서

---

*   미국 독립혁명 당시 13개 식민지의 대표자 회의를 말한다. - 옮긴이

야 할 적에 대해 직접적으로 알고 있었다. 또한 장교가 아 닌 측량사로 군대를 갔기 때문에 실제로 싸워야 할 사람들의 기질 또한 알고 있었다. 조지 워싱턴은 불굴의 용기와 인내 그리고 식민지가 추구하는 대의의 정당성에 대한 확신이 있다면 자신이 지닌 내면의 확신을 부하들에게 전할 수 있다는 것을 깨달았고, 그를 통해 자신의 작은 군대가 승리할 수 있다는 것을 이해했다. 그 결과 그는 영국군과의 전쟁에서 승리할 수 있었고, 초대 대통령으로서 미국의 아버지라고 불렸다.

피카소 이야기

지난 200년 동안 인간의 본성, 인간의 선함과 확신, 인간의 비전과 무결성의 가치 및 의미를 보여 준 사람이 있다. 바로 파블로 피카소Pablo Picasso다.

19세기 말 스페인에서 자란 피카소는 '예술'이라는 단어의 의미를 완전히 혁신했다. 그는 90여 년의 생애 동안 그림, 조각, 드로잉, 글 등의 작품을 꾸준히 내놓았다. 피카소의 그림을 처음 접했을 때를 생각해 보라. 솔직히 말해서 그의 그림을 이해하지 못했다는 사실을 인정해야 할 것이다. 날카로운 각도와 기묘한 색깔로 표현된 얼굴들, 게다가 두 눈은 모래 바닥에 사는 가자미처럼 얼굴 같은 쪽에 있다. 하지만 뒤로 물러나 다시 보면 그의 그림에 어떤 의미가 있는지 보이기 시작할 것이다. 본질적으로 우리는 피카소에게서 대상을 다르게 보는 법을 배울 수 있다. 예를 들어, 한 사람의 얼굴에 어떻게 양면이 동시에 나타날 수 있는지 이해하는 것이다. 피카소는 자신이 본 것에 대한 강한 확신이 있었고 그것을 다른 사람들에게 단호하고 분명하게, 심지어 너그럽게 보여 주었다. 그는 자신이 본 것을 다른 사람들도 볼 수 있도록 모두를 가르쳤다. 우리 모두가 좀 더 확신 있는 사람이 될 수 있다는 것을 이해하게 해 주었고, 처음에 알아볼 수 없다고 해서 새로운 것을 즉각 거부하지 않는 법을 배우게 해 주었다. 자기 작품에 대한 피카소의 확신은 미술품 거래상에 대한 확신으로, 미술품 구매자 시장과 경매 시장의 확신으로 이어졌다. 이는 다시 대기업과 최고 부유층 투자자들에게 피카소의 시각이 지닌 영원한 가치에 대한 확신을 심어 주었다.

이제 이런 생각이 들 것이다. '좋아, 아주 훌륭한 이야기야. 나도 그렇게 해야겠어. 하지만 나는 조지 워싱턴의 힘도, 파블로 피카소의 상상력도 없어. 젠장, 나는 법학 학위도, 교통과에 괜찮은 인맥도 없다고. 어떻게 하면 나 자신에 대해 이런 수준의 믿음을 가질 수 있지?' 당신의 질문에 구체적인 몇 가지 답을 제시할 수 있을 것 같다. 당신이 지금까지 이 책을 읽으며 좀 더 알고 싶은 마음이 들었다면 내가 당신의 확신을 얻었다는 의미일 것이다. 다른 사람을 확신하지 못하면 스스로에게 확신을 불어넣을 수도, 자신을 확신할 수도 없다는 것을 기억하라. 따라서 엄밀히 말해 당신은 이미 첫 번째 중요한 단계를 거쳐 확신이라는 새로운 세상에 접어들었다. 이제 함께 앞을 내다보며 우리가 서 있는 이 길에서 조금 더 멀리 가보자.

혼들리지 않는 품성을 이루는 여러 요소들에 확신을 추

가하려면 먼저 다음의 세 가지 영역을 살펴보아야 한다.

첫째, 나의 강점을 찾아라

성장한다는 것은 어렵고 전문적이며, 고도로 발달한 지금의 세상에서 살아남는 데 필요한 특정 종류의 필수 기술을 갖고 있다는 뜻이다. 당신의 부모는 당신에게 걷는 법, 먹는 법, 먹어도 되는 것과 안 되는 것, 좋은 예절 등 기본적인 기술을 가르쳤다. 당신은 일정 수준의 체력과 정신력을 물려받았다. 로켓 과학자는 아니지만 잔디 깎는 기계를 어떻게 고치는지 알고 있을 것이고, 회계학 학위는 없지만 방 안에 있는 모두가 폭소를 터뜨릴 만큼 재미있는 농담을 할 수 있을 것이다.

당신의 강점은 무엇인가? 당신은 분명 몇 가지 강점이 있다. 그렇지 않으면 지금까지 오지 못했을 것이다. 당신의 강점은 저축을 잘 하는 것일 수도, 물건을 잘 고치는 것일 수도 있다. 당신은 개인적인 강점, 즉 자부심의 원천이 되고 진정한 확신을 주는 재능과 능력이 있다. 뿐만 아니라 그것을 너무 당연하게 여겨 가치를 깨닫지 못할 수도 있다. 당신의 재능과 기술은 당신이 당연하게 받아들이고 충분히 가치 있게 여기지 않는 것에서 발견된다. 재능은 힘든 노력이 아니라 한 순간의 깨달음이다.

둘째, 타인이 나에게서 어떤 가능성을 보았는지 알아본다

교실이나 첫 직장 혹은 새로운 곳에서 당신을 가르쳐 준 선생님과 멘토는 당신 스스로 발견하지 못했을 수도 있는 당신의 가능성을 발견한다. 그 가능성이 정확히 무엇인지 알고 싶은가? 그들이 당신에게 무엇을 제시하고 보여 주었는지 정확히 파악할 수 있다면 선생님, 멘토, 새로운 친구 등 다른 사람의 눈으로 자신을 볼 수 있을 것이다. 그들이 당신에게 제시한 가능성은 그들에게는 보이지만 당신에게는 보이지 않던 것이다. 당신이 그 기계를 작동시킬 수 있다고, 그 주문을 받을 수 있다고, 그 고객을 확보할 수 있다고, 그 판매를 성사시킬 수 있다고 생각하지 않았다면 그들은 애초에 당신을 가르치느라 애쓰지 않았을 것이다. 그들은 당신이 갖고 있는지 몰랐던 당신의 능력에 대해 확신이 있었다. 그리고 그 확신을 당신과 공유했다. 이미 그 능력을 갖고 있던 당신에게 필요한 것은 자신의 능력에 대한 확신뿐이었다.

셋째, 당신의 경험을 활용하라

마지막 항목은 어디에서 태어났는지, 부모가 누구인지, 어떤 학교를 졸업했는지, 누가 옆에서 필요한 것을 가르쳐 주었는지 보다 훨씬 더 중요하다. 지금까지 살아오며 쌓은 풍부한 경험을 활용하는 것이기 때문이다.

당신은 전 세계를 여행하며 많은 사람을 만나고 다른 나라와 다른 언어의 생활 방식을 배웠을 수도 있다. 아니면 평생 알고 지낸 사람들과 같은 곳에서 지내며 새로 만난 친구는 결코 알 수 없는 방식으로 익숙한 사람들을 이해할 수도 있다. 이러한 경험은 당신의 자금원이다. 즉, 배움을 얻고 확신을 끌어낼 수 있는 원천인 셈이다. 경험은 당신에게 실제로 도움이 된다는 점에서 중요하다.

당신은 이 책을 읽으며 분명 삶에 대한 확신을 얻었을 것이다. 그리고 우리 모두의 내면에서 울리는 확신이라는 공명을 느꼈을 것이다.

확신을 주는 사람과
사기꾼은 한끗 차이이다

확신 있는 사람confident man은 모두가 감탄하며 본받고 싶어하는 사람이다. 한편 사기꾼confidence man은 이와 전혀 다른 사람이다.

월스트리트에서 업무상 점심 식사를 하던 중, 동료 한 명이 모르는 사람에게 매우 매력적이고 수익성 높은 사업 제안을 받았다. 이 뜬금없는 제안에는 회사명, 초기 자본, 정관, 자문 위원회 등 모든 것이 갖춰져 있었다. 이 제안을 내놓은 사람은 해외에서 정부 운영에 얼마간 참여한 적이 있다고 했다. 또한 중남미에서 과일과 채소를 수입하기 위해 회사를 설립했으며(4월에 사과, 12월에 자두, 2월에 상추.) 이번 사업 제안이 이 회사의 주식을 매입할 좋은 기회임을 넌지시 내비쳤다. 하지만 과일과 채소는 표면적인 거래일 뿐 실제로는 중남미 유사 민주주의 국가에서 내전을 벌이고 있는 양측에 무기를 판매하고 있었고, 이는 법을 위반하는 행위였다. 내 친구는 식사 자리를 떠나 그러한 거래에 대해 알고 있을만한 사람에게 전화를 걸었다. 아니나 다를까, 이 사람은 회계 장부도 보여 주지 않은 채 전국의 부자들에게 투자를 받고 있었다. 게다가 상품이 보관된 해외 창고를 시찰한다는 명목으로 투자자들을 초대해 붙잡아 두고 가족, 친구, 사업 동료에게 거액의 몸값을 요구했다. 자신의 수법을 훤히 알고 있는 사람에게 누가 그런 속임수를 쓰려고 하겠는가? 이처럼 우리는 수상한 거래에 대해 확신을 심어 주려는 사람들, 즉 진정한 사기꾼들을 예리하게 알아차려야 한다.

'나는 내 재능과 기술을 사람들과 나눌 수 있는 확신과 성숙함이 있다. 나는 단순히 살아남는 것 이상의 일을 할 수 있는 선의와 예리한 안목을 갖고 있다.'라는 믿음과 확신을 바탕으로 행동하고 도약하지 않는다면 지금 시대에는 누구도 어른으로 성장할 수 없다. 우리는 다른 사람에 대한 확신이 있을 때 자신의 힘을 깨달을 수 있다. 당신이 스스로에게 확신이 있다는 것을 느끼면 상대방은 당신에게 해를 끼칠 수 없다. 다른 사람에게 있는 것은 당신에게도 있다. 하지만 다른 사람에게 부족할 수도 있는 것이 당신에게도 부족할 필요는 없다. 이것은 절대적으로 확신해도 좋다.

UNSHAKABLE

10
장

건강을 잃는 건,
모든 것을 잃는 것이다

아마 당신은 건강이 전적으로 신체의 문제라고 생각했을 것이다. 그렇지 않은가? 매우 현명한 할머니 한 분이 내게 이런 말을 한 적이 있다. "건강하다면 모든 것을 가진 것이나 다름없어요. 건강을 잃으면 아무리 돈이 많아도 행복한 삶을 영위할 수 없고 삶의 가치도 느낄 수 없답니다." 그녀가 오랜 경험에서 얻은 지혜를 나눠 주려 했을 때, 나는 그녀의 말을 완전히 믿지는 않았다. 오늘날 대부분의 젊은이들처럼, 나는 기분이 좋고 신체의 모든 부분이 잘 작동하는 상태가 당연하다고 생각으니까. 다른 모든 일과 마찬가지로 건강은 거의 매일 저절로 유지되는 것 같았다. 나는 그런 상태를 당연하게 여겼다. 하지만 나이가 들어 어느 순간 아프기 시작하자 '건강을 잃으면 어떻게 될까? 그것이 품성을 시험하는 일이 될까?'라는 의문이 들었다. 나는 분명 그럴 것이라고 생각한다.

만약 당신이 독감에 걸렸다면, 독감이 낫고 아픈 것을 잊어버릴 때까지는 독감이 일종의 품성 테스트처럼 느껴질 것이다. 하지만 그런 사소한 질병은 품성을 시험하는 것이라기보다 어깨를 툭툭 치는 것에 더 가깝다. 어깨를 툭툭 치는 느낌이 들어 주변을 둘러보았는데 아무것도 없는 상황 말이다. 하지만 그것은 머지않아 다시 찾아올 것이고, 언젠가는 어깨를 치는 것보다 더 큰 일을 벌일 것이다. 그때 주변을 둘러보면 그게 무엇이든 아직 사라지지 않았을 것이다. 이런 생각을 하는 것만으로도 당신의 품성을 시험하는 것 같지 않은가? 하지만 당신에게 겁을 주려는 것은 아니다. 그저 요점을 강조하려는 것뿐이다.

당신이 어릴 때 어떻게 생활했는지 떠올려 보자. 그때는 무엇이든 먹을 수 있었고 실제로 먹고 싶은 대로 먹었다. 고등학교 시절 축구 경기가 열린 날 밤, 친구와 탄산음료를 실컷 마셨을 것이다. 대학에서는 커피와 도넛, 어쩌면 필터 없는 담배를 연료 삼아 라디오를 들으며 밤새 벼락치기 공부를 했을 것이다. 그렇게 했음에도 당신은 날마다 더 커지고 강해진다고 느꼈을 것이다. 그리고 그것은 기존의 방식을 지속해야 하는 유일한 증거였을 것이다. 그렇다면 계속 그대로 행동하는 것은 어떨까? 어쨌든 지금까지 당신에게 해가 되지 않았으니 말이다. 반대로, 이제 나이가 들었으니 상황이 예전과 달라질 것이라고 생각하는가? 그동안 모든 것을 하고 싶어 했지만 이제는 아무것도 하고 싶어 하면 안 된다고 생각하는가? 아니다. 현실은 결코 그렇게 단순하지 않다.

현명한 할머니로부터 건강하다면 모든 것을 가진 것이나 다름없다는 말을 들었던 당시, 나는 교회에서 "삶을 찾기 위해서는 삶을 잃어야 한다."라는 말을 들었다. 사람들에게 건강이 실제로 어떤 의미인지 이해하는 것만큼이나 이 말을 이해하는 데에도 오랜 시간이 걸렸다. 이것은 기존의 생활 방식을 잃어야 다른 생활 방식, 즉 특정 시기에 자신에게 더 적합한 생활 방식을 찾을 수 있다는 뜻이다. 당신은 그렇게 할 수 있다. 다만 그러기 위해서는 품성을 갖추어야 한다.

올바른 생활과 건강의 상관관계

나는 매우 운이 좋았다. 그동안 크게 아픈 적이 없었기 때문이다. 하지만 건강하다는 것은 단지 질병이 없는 상태, 아프지 않은 상태보다 더 많은 의미가 있다는 것을 깨달았다. 건강은 올바른 생각과 올바른 생활에서 비롯되는 직접적인 결과다. 다시 말해, 확고한 품성의 결과다.

한 친구가 자신의 미식축구 감독 이야기를 해 주었다. 그 감독은 선수들에게 경기를 하는 하나의 팀이자 인생이라는 경기를 뛰는 한 개인으로서 자신을 위해 할 수 있는 가장 중요한 일은 '건강한 태도'를 키우는 것이라고 항상 이야기했다. 물론 그들은 팔굽혀펴기, 태클 훈련, 블로킹 훈련 등을 했지만, 그 감독은 선수들이 건강한 태도를 갖추지 않고 훈련을 한다면 엄청난 무게를 밀고 다니는 거대한 덩치에 불과하다고 생각했다. 건강한 태도를 강조한 그 감독의 이야기를 듣고 나는 건강이 튼튼한 몸과 다르며 품성과도 관련이 있다고 생각하게 되었다.

건강한 태도란, 자신의 행복과 안녕에 도움이 되지 않는 순간의 즐거움에 한눈팔지 않고, 나아가야 하는 방향을 향해 똑바로 가야한다는 사실을 아는 것이다. 그 감독이라면 이렇게 말했을 것이다. "여러분에게 달려 있는 팀의 승리를 위해 여러분은 경기에 집중해야 합니다. 핫도그나 음료수, 치어리더가 있다고 해서 옆길로 빠져서는 안 됩니다. 그런 기분 전환은 설사 즐기더라도 경기가 끝난 뒤에 즐겨야 합니다. 자신의 과제에 집중하지 못하는 것은 건강하지 않은 생각이고 나쁜 태도이며 나약한 품성입니다."

나는 그런 말들이 진부하다고 생각하곤 했다. 지금도

여전히 진부하다고 생각하긴 하지만, 동시에 중요하고 맞는 말이라고 생각한다. 당신의 태도, 대상을 바라보는 견해, 삶을 대하는 방식, 이 모든 것이 품성을 결정한다. 그리고 장기적으로 인생을 살아가려면 힘과 인내가 필요하며, 이는 적어도 17~18세가 지나면 부분적으로 품성에서 비롯된다. 오랫동안 건강하게 살기 위해서는 건강한 운동선수, 즉 진정한 장거리 주자가 되어야 한다.

이전에는 건강이 품성을 이루는 자질처럼 보이지 않았을 수도 있지만, 이제 품성의 중요한 요소임을 이해했기 바란다. 극단적인 예를 들면, 의자에 오래 앉아 있다가 일어날 때 숨이 가쁘면 명확하게 생각하기 어렵고 확신, 강인함, 결단력, 현명함을 느끼기도 어렵다. 덜 극단적인 예를 들어 보자. 바지가 너무 꽉 끼거나 셔츠의 가운데 단추가 자꾸 풀린다면 어느 쪽으로 경력을 이어갈지, 무엇을 사고팔지, 어떻게 새로운 고객에게 접근할지, 어떻게 옛 친구를 찾아갈지 등에 대해 옳은 결정을 내릴 수 있겠는가?

모든 것을 적당히 해야 한다

하지만 좋은 소식이 있다. 통계 수치를 근거로 제시하며 이런 것은 먹지 말라고 떠들어 대는 뉴스나 텔레비전의 과장된 보도를 다 믿을 필요는 없다는 점이다. 맛있는 음식이나 기름지고 단 음식을 너무 많이 먹을 때 실험용 쥐에게 일어나는 일 때문에 지나치게 걱정할 필요는 없다. 또어떤 것들이 너무 많으면 건강에 좋지 않다는 점을 이해하기 위해 건강에 미친 사람이 될 필요도 없다.

어느 그리스 철학자는 이렇게 말했다. "우리는 모든 일을 적당히, 그리고 지나치지 않게 해야 한다." 이것은 생활 방식에 반드시 적용해야 할 원칙이다. 가끔 아이스크림을 먹거나 일을 잘 끝낸 보상으로 달콤한 음식을 먹는 것, 일이 잘 풀리지 않은 날 불쾌한 기분을 떨치기 위해 안 좋은 음식을 조금 먹는 것은 해가 되지 않는다. 하지만 아이스크림 한 통을 먹어 치우고 담배 한 갑을 연달아 피우며 위스키를 들이붓지는 마라. 그렇게 하는 사람들도 있지만 그것은 폐차장으로 가는 편도 승차권이나 다름없다. 반면 건강에 지나치게 매달리는 것도 마찬가지다. 따라서 '모든 것을 적당히, 지나치지 않게.'라는 원칙을 기억하라.

걱정과 스트레스가 높은 콜레스테롤 수치만큼이나 심장에 해롭다는 사실은 확실히 입증되었다. 핀란드에서 시행한 한 식단 섭취에 관한 연구는 그것을 잘 보여 준다. 첫 번째 그룹은 원하는 음식을 무엇이든 먹고 마실 수 있었다. 두 번째 그룹은 면밀한 관찰을 통해 섭취하는 음식을 모두 기록하고 평가했다. 계란, 버터, 치즈는 금지되었고 커피 대신 허브차를 마셨으며 육류 또한 금지되고 자연식 파스타가 허용되었다. 어떤 그룹의 건강이 더 나빠졌을까? 바로 후자이다. 엄격한 청교도적 규칙과 콜레스테롤 수치를 걱정하면서 자책했기 때문이다.

모든 것에서 적당함을 따르는 것이 훨씬 쉽다. 건강에 중요한 역할을 하는 것은 계산기가 아닌 품성이다. 적당히 먹고 마셔라. 그리고 규칙 또한 적당히 지켜라.

피트니스가 인기를 얻기 전부터 진정한 피트니스 마니아였던 남자가 있다. 그는 날마다 프리웨이트를 한 다음 8킬로미터를 달렸고 좋은 음식을 챙겨 먹었다. 열여덟 살 때부터 마흔세 살까지 25년 동안 매일같이 당근 주스 한 잔을 마신 뒤 비즈니스 뉴스를 보며 실내 자전거를 탔다. 그리고 바로 그 실내 자전거를 타다가 마흔세 살에 심장마비로 사망했다.

어느 부유한 여성이 식단 관리를 통해 건강해지고 장수할 수 있다고 설파하던 한 남성을 신봉하게 된 사례도 있다. 그녀는 그에게 많은 돈을 지불하며 그가 제시하는 식단 관리 지침을 충실히 따랐으나, 그는 이른 나이에 사망했다. 이후 그녀는 자기 앞에서 다시는 그의 이름을 언급하지 못하게 했다.

심장전문의인 내 친구는 이렇게 설명했다(그는 건강관리 분야의 온갖 유행에 결코 휩쓸릴 것 같지 않은 좋은 판단력을 지닌 사람이다.). "내가 누구이며 어떻게 만들어지는지 이해해야 한다네." 이는 자신의 품성과 신체, 정신, 감정을 이해해야 한다는 말이다. 모든 사람이 마라톤이나 등산, 미식축구 경기를 할 수 있는 것은 아니다. 모든 사람이 트럭 운전사나 로켓 과학자, 영업 사원이 될 수 있는 신체적, 정신적 자질을 갖춘 것도 아니다. 각 직업에는 서로 다른 활동 수준이 포함된다. 그리고 각 직업에 종사하는 사람들은 다른 고객을 대하고, 다른 방식으로 훈련하고, 다른 방식으로 생각하고, 다른 방식으로 축하하며 서로 다른 세상에 산다. 로켓 과학자는 매일 30킬로미터씩 달릴 필요가 없다. 트럭 운전사는 몇 시간씩 자리에 앉아 작은 글씨를 읽을 필요가 없다. 미식축구 선수는 집중호우를 뚫고 밤새 중서부 고속도로를 운전할 필요가 없다. 이들은 각기 다른 방식으로 자신의 몸을 혹사한다. 따라서 먹고 쉬는 것도 다른 방식으로 해야 한다. 어떤 사람은 조깅을 할 수도, 어떤 사람은 피아노를 칠 수도, 어떤 사람은 수영을 할 수도 있다.

당신의 신체적 특성과 품성이 어떠하든 내가 확실히 말할 수 있는 것은 하나다. 몸 상태가 심각하게 좋지 않고 노골적으로 자기 파괴적인 행동을 한다면 스스로를 존중하기 매우 어렵고 다른 사람들도 나를 존중하지 않게 될 것이라는 점이다. 이것은 오늘날의 세상과 오늘날의 가치 체계에서 피할 수 없는 삶의 현실이다.

건강해야 성공도 따라온다

얼마 전 컨트리클럽 정문에 누가 봐도 부자인 남자가 리무진을 세우고 내리는 모습을 보았다. 그는 차에서 내리는데 수행원 두 명의 도움이 필요했고, 그 모습에 주차 담당 직원들도 히죽거리며 눈짓을 주고받았다. 성공하기를 원한다면, 리더가 되기를 원한다면, 운명이나 운에 휘둘리는 사람이라면, 건강한 생활 방식을 받아들여야 한다. 좋은 몸 상태를 유지하는 것은 건강의 큰 부분을 차지한다. 패션 업계에서 유명세를 떨친 한 여성은 "돈은 많을수록 좋고 몸은 마를수록 좋다."라고 말했다. 그녀가 이 말을 남긴

것은 무려 20여 년 전이다. 돈은 지금도 많을수록 좋겠지만 뒷부분의 내용은 "근육은 선명할수록 좋다."가 되어야 할 것이다.

내가 아는 서른 가까이 된 한 젊은 여성은 다소 마시멜로우 같은 사람이었다. 담배를 약간 피웠고, 좋아하는 음식을 마음껏 먹었으며, 잃어 가는 외모나 건강에는 크게 신경 쓰지 않았다. 아직은 외모나 건강을 완전히 잃지 않았기 때문이었다. 그러던 어느 날, 의사는 두 아이를 둔 이 여성에게 심장 질환이 있다는 진단을 내렸다. 그녀는 평생 약을 먹어야 하고 다시는 무리한 활동을 하지 말아야 한다는 말을 들었다. 격렬한 운동도, 흥분하는 일도, 불필요한 스트레스도 없어야 했다. 중년에 접어들지도 않았는데 인생이라는 경기에서 관중석에 앉아 있어야 한다는 선고를 받은 것이다. 그녀는 의사가 한 말에 대해 며칠 동안 생각했다. 아이들을 안아주었고 친구들을 떠올렸다. 그리고 이대로 둘 수는 없다고 마음먹었다. 그녀는 약을 치우고 식단을 바꾸면서 체중을 줄이기 시작했고 아침마다 활기차게 산책을 했다. 운동으로 근육을 키우고 새로운 옷을 구입하고 일도 시작했다. 활동적인 삶은 끝났다는 의학적 진단을 받은 지 5년 뒤, 건강의 상징이 된 그녀는 빠르게 변화하며 급성장하는 컴퓨터 및 정보과학 분야에서 성공적인 고위 관리자 경력을 쌓아가고 있다.

건강은 자존감과 지위를 높여 주고 다른 사람들의 존경을 불러일으킨다. 건강은 품성과 야망을 키우는 데 많은 도움이 되며, 다가오는 인생에서 좋은 길을 열어 준다. 건강의 이점은 이것만이 아니다. 건강하고 탄탄한 몸을 유지함으로써 확실한 세속적 보상을 얻긴 하지만, 그러한 보상은 건강을 유지하는 습관을 받아들여야 하는 유일한 이유도 주된 이유도 아니다. 철학적으로 성찰해 보면, 건강의 가장 큰 이점은 건강을 추구하는 사람의 마음, 정신, 영혼에서 찾을 수 있다. 잠깐, 누군가는 너무 철학적이며 모호하고 신비주의를 추구하는 거 아니냐고 비판할 수 있다. 아니다. 나는 치료나 비타민 섭취가 아닌 '건강의 의미'에 대해 이야기하려는 것이다.

건강은 품성의 원인이 될 수 있는 만큼 품성의 결과도 될 수도 있다. 나는 확고한 품성을 지닌 사람이 되는 것이 건강한 정신과 건강한 신체를 만드는 최고의 처방이라고 생각한다. 기분이 좋으면 자연스럽게 몸을 관리하고 싶을 것이다. 하지만 자신의 몸에 대한 존중을 잃으면 다른 영역에서도 대충 넘어갈 가능성이 높다.

건강한 신체에 건강한 정신이 깃든다

소화와 관련하여 장 운동을 원활히 하는 데 도움이 되는 몇 가지 음식이 있다. 하지만 그런 음식만으로 건강하고 균형 잡힌 식단이 되는 것은 아니다. 우리 몸에 필요한 여러 가지 영양소를 섭취하기 위해서는 식단에 다양성을 갖추어야 한다. 마찬가지로 생활에 다양성을 확보하는 것도 매우 유익하고 중요하다. 재정적 건강에 적용되는 것은 신체적 건강에도 적용된다. 지금까지 해 오던 것을 계속하면 지금 가지고 있는 것을 계속 유지할 수 있을 것이다.

휴식이나 휴가 없이 매일 같은 일을 하는 사람은 자신이 건강한지 아닌지 알 수 없을 것이다. 앞서 논의했듯이 하던 것을 그만두거나 가진 것을 잃거나 다른 것을 얻기 전까지는 자신에게 무엇이 있는지 알지 못한다. 인생에서 가장 좋은 시절인 오늘, 중간에 생체 시계가 멈추지 않도록 하루 일과를 쪼개어 계속 태엽을 감는 가장 쉽고 유용한 방법은 기회가 있을 때마다 낮잠을 자는 것이다. "하지만 유치원 졸업과 함께 낮잠도 졸업했는걸요."라고 항의할지도 모른다. 그러면 나는 이렇게 묻고 싶다. "그래서 더 좋아졌나요?" 대기업의 모든 CEO가 사무실의 큰 책상 맞은편에 무엇을 두고 있을까? 바로 소파다. 당신은 그 소파가 왜 있다고 생각하는가? 잠깐 눈을 붙이기 위해서다. 모든 꿈은 휴가라는 사실을 기억하라. 셰익스피어는 "잠은 걱정이라는 헝클어진 소매를 가지런히 엮어낸다."라고 말했다. 존 케네디는 1962년 쿠바 미사일 위기 속에서도 예정대로 낮잠을 잤다. 이것이 핵 재앙으로부터 세상을 구했는가? 글쎄, 조금은 도움이 되었을 것이다.

오래전부터 내려오는 "men sana in corpore sano."라는 라틴어 격언이 있다. 이 말은 어떤 뜻인가? 글자 그대로 "건강한 신체에 건강한 정신이 깃든다."라는 뜻이다. 이것은 훌륭하고 현명한 삶을 살며 자신에 대해 긍정적인 생각을 갖기 위한 고대 로마의 처방전이다. 정신을 연필처럼 뾰족하게 다듬을 수는 없다. 연필은 점점 짧아져 뭉툭해지고 마침내 버려지기 마련이다. 우리도 생각 없이 먹고, 마시고, 놀고, 싸우기만 하며 살 수는 없다. 로마인들은 전성기 시절에 그렇게 믿었고 나 역시 그 생각에 동의한다. 하지만 제국의 쇠퇴기에 접어들며 로마인들은 자신들의 조언을 잊어버렸다. 그리고 쇠퇴는 얼마 지나지 않아 몰락으로 이어졌다. 이러한 역사가 전하는 메시지는 분명하다.

놀라울 만큼 오래 살았던 중국의 한 노인에 대해 들은 적이 있다. 그는 아주 조금만 먹었고, 규칙적으로 운동을 했으며, 욕조에 거북이를 키웠다. 그는 거북이가 장수의

상징이며 세상을 대하는 본보기를 제시해 주었다고 설명
했다. 바로 '천천히 그리고 꾸준히 나아가는 것'이다. 거북
이는 때때로 외로웠을 그의 삶에 부담스럽지 않은 일종의
우정을 더해 주었다.

　건강에 대해서는 이야기할 것이 아직 많지만, 몇 가지
결론에 대해 얘기해 볼 수는 있다. 나는 윤리적인 사람들
이 더 행복하고 더 여유롭다는 증거에 비추어 볼 때, 건강
이 품성의 한 측면이라고 생각한다. 반면 적대감이나 분노
와 연관된 스트레스는 신체적 문제를 일으킨다. 건강에 대
한 이야기는 끝이 없다. 건강은 가능한 오래 지속하는 것
이기 때문에 끝이 없어야 한다. 건강은 멈추는 것이 아니
다. 건강하다는 것은 할 수 있는 한 오래 지속하는 것이다.
그 과정에서 속도가 높아질 수도, 잠시 멈출 수도 있다. 때
로는 사람들이 많이 다니는 길을 벗어나 옆길로 갈 수도
있다. 어찌 됐든 인생에서 만족과 행복을 얻는 유일한 방
법은 건강을 유지하는 것이다. 그것이 바로 확고한 품성을

유지하는 방법이다. 정신과 몸이 부합할 때 우리는 즐거운 인생을 영위할 수 있다. 어떤 의미에서 건강은 모든 노력의 지향점이다. 마음, 정신, 근육이 협력할 때 우리는 건강하게 젊음을 꽃피울 수 있다.

UNSHAKABLE

11
장

남이 아닌
'나'만의 기준을 세워라

나는 성공에 품성이 따라오며 성공이 품성을 키운다고 생각한다. 영혼을 발달시키기 위해 괴로움과 패배가 필요하다고 믿는 사람들도 있지만 나는 그렇게 생각하지 않는다. 괴로움과 패배는 신체에도 정신에도 이롭지 않다. 실패는 정신과 신체 어느 쪽도 기분 좋게 해 주지 않는다. 물론 실패는 인생에서 피할 수 없는 부분이며 실패를 배움의 기회로 삼는 것은 자신에게 도움이 될 것이다. 하지만 아프다는 사실을 일단 깨닫고 나면 벽에 머리를 찧는 것은 아무 의미도 없다. 냉정하게 들리겠지만 특정 나이가 되었는데도 스스로 많은 것을 성취하지 못했다면 불운이나 힘들었던 어린 시절 혹은 그 밖의 외부 요인을 탓할 수 없다. 나는 개인적으로 그 시점에 그 사람의 품성에 문제가 있었을 것이라고 생각한다.

성공 척도는 개인마다 다르다

성공의 정의는 사람마다 다를 수 있다. 성공하기 위해 두둑한 은행 계좌나 롤스로이스를 가져야 하는 것은 아니다. 하지만 그런 것이 당신이 내린 성공의 정의에 반드시 필요하다면 당신은 그것을 목표로 삼아야 한다.

큰 성공을 거둔 스티브라는 흥미로운 남자의 철학을 통해 내가 말하려는 바를 설명하고자 한다. 그는 40대 중반에 불과한 나이에 미국 중서부 지역에서 매우 수익성 있는 광고 회사를 설립했다. 이후 미국 최대 에이전시 중 한 곳에 회사를 매각해 연간 성장률의 3배에 달하는 수익을 얻었다. 이를 통해 그는 큰 부자가 되었고 이를 누릴 시간도 많았다. 그가 친구들과 이야기를 나누던 중, 모두가 아는 어느 지인의 커리어 문제가 화제에 올랐다. 그 지인은 미국 명문 대학 중 한 곳에서 MBA 학위를 받은 똑똑하기 이를 데 없는 사람이었다. 높은 야망을 가진 그는 학위를 받자마자 독립해서 회사를 설립했다. 하지만 15년이 지난 뒤에도 그의 컨설팅 회사는 사무실 월세를 내는 것조차 어려울 정도로 잘 되지 않았다. 여전히 그는 만나는 모든 사람에게 매우 예리하고 다재다능한 사업가로 깊은 인상을 주었다. 그는 매일 월스트리트 저널을 읽었고, 주요 기업 CEO들의 이름을 모두 알고 있었다. 그와 5분만 이야기를 나눠 보면 그가 비즈니스 세계의 진정한 선수라고 생각할 것이다. 하지만 그는 전혀 돈을 벌지 못했다. 스티브의 친구들은 '돈을 못 버는 훌륭한 사업가'라는 생각에 혼란스러웠다. 훌륭한 야구 선수인데 항상 삼진 아웃을 당하고 실수를 한다는 이야기처럼 느껴졌던 것이다. 스티브는 잠시 생각한 뒤 자신의 관점을 제시했다.

"비즈니스 분야에서 성공한 사람으로 불리려면 성취가 전제되어야 한다고 생각합니다. 훌륭한 사업가가 되어 돈을 벌지 못할 수는 없어요. 좋은 나무는 결실을 맺습니다. 그렇지 않으면 좋은 나무가 아니에요."

나는 비즈니스의 특정 영역에 대한 스티브의 분석이 정곡을 찔렀다고 생각한다. 어떤 직업에서는 최고의 목표 중 하나가 회사의 수입을 창출하여 자신의 은행 계좌를 불리는 것이다. 그런 비즈니스에서 성공은 단순히 돈으로 측정된다. 따라서 그런 직업에 종사하면서 돈을 벌지 못했다면 품성을 강화하기 위해 몇 가지 조치를 취해야 할 것이다. 다시 말해 품성은 현실 세계와 동떨어져 하늘 어딘가에 존재하는 추상적 개념이 아니다. 다른 해야 할 일들이 많겠지만 자아성찰과 품성 개발 또한 분명히 해야 한다.

논의의 범위를 조금 넓혀 비즈니스 성공 이외의 영역을 살펴보자. 돈을 벌기 위해서는 확고한 품성을 지녀야 하며 돈을 벌지 못한다면 품성을 개발하려는 노력이 필요할 것이라고 앞서 언급했다. 하지만 어떤 형태든 성공을 이루기 위해서는 품성이 필요하다는 점 또한 강조하고 싶다. 비즈니스 세계든 다른 분야든 말이다. 물론, 많은 돈을 버는 데 별 관심이 없는 사람들도 있다. 나는 그런 사람은 아니지만 그들의 관점을 이해할 수 있다. 그들에게 성취는 쉽게 정량화되지 않는 방식으로 측정된다.

뉴저지의 아름다운 주택에서 소규모 저녁 파티가 열린 적이 있다. 유명 변호사, 투자 은행가, 미국 최대 규모의 자동차 수입 회사 소유주 등 각자의 분야에 관계없이 성공한 사람들이 참석했다. 그 중 대화를 주도한 사람은 뉴욕에서 온 한 남자였다. 날씬한 체격에 흠잡을 데 없이 차려입은 그 남자는 신비로운 유럽식 억양으로 이야기하며 사람들의 이목을 끌었다. 하지만 그를 아는 사람은 주최자 밖에 없었다. 대화의 주제는 오페라인 것처럼 보였다. 참석자들은 이 남자에게서 무언가 얻고 싶어 했고, 그가 가장 좋아하는 주제에 대해 이야기하는 동안 정중하게 귀를 기울였다. 변호사도, 자동차 수입 업자도, 은행가도 오페라 애호

가라고 할 만한 사람은 아니었다. 그리고 함께 온 아내들도 오페라에 대해 많이 알지 못했다. 사람들의 이목을 끈 것은 날씬한 체격의 이 남자가 지닌 개인적 매력이었다. 그에게는 사람들로 하여금 자신의 관심사와 거리가 먼 주제임에도 이야기를 듣고 싶게 만드는 진정한 카리스마가 있었다. 그는 밀라노와 파리를 언급하기도 했지만 주로 뉴욕 메트로폴리탄 오페라에 대해 이야기했고, 개별 가수들에 대한 감상뿐 아니라 지난 시즌 전체 공연에 대한 상세한 비평까지 제시했다. 그가 무대 뒷이야기까지 말하자, 사람들은 그 남자가 메트로폴리탄 오페라에서 관리직을 맡고 있다고 생각하게 되었다. 그는 분명 표를 구입한 일반 관객이 아니었다. 오페라의 중요 후원자들 이름이 언급되었고, 그들은 재계의 유명 인사들이었다. 말쑥하게 차려입은 이 남자는 그들과 친밀한 사이임이 분명했다.

한 시간 넘게 긴 이야기를 늘어놓은 뒤 그는 갑자기 피곤해진 듯 보였고 거듭 사과하며 자리를 떠나야 한다고 말했다. 참석자들은 더 있으라며 붙잡았지만 그 남자는 다음날 오페라 공연으로 해야 할 일이 있어 더 있을 수 없다고 설명했다. 그는 가벼운 웃음과 함께 유럽식으로 어깨를 으쓱하며 "어쩔 수 없네요."라고 아쉬워했다. 잠시 후 그가 자리를 떠나자 파티는 조용해졌다. 공백을 채워야 할 즈음 손님들은 디저트 와인을 즐기러 식당에서 서재로 이동했다. 마침내 참석자 중 한 명이 그 남자가 메트로폴리탄 오페라에서 정확히 어떤 일을 하는지 물었다. 공연 일정을 계획하는 사람일까? 여기서는 밝은 작품을 공연하고 저기서는 비극적인 작품을 공연하는 등 창의적인 결정을 내리는 사람일까? 아니면 비즈니스 측면에 더 관련된 사람일까? 출연자의 에이전트와 협상을 하고 누군가가 너무 거만하게 굴기 시작하면 재정적으로 단호히 반대하는 역할을 맡은 사람일까? 주최자는 잠시 망설이다가 질문에 대답했다.

"두 시간 동안 우리를 사로잡은 그 남자, 디바와 마에스트로의 이야기로 우리를 매료시킨 재능 있는 그 이야기꾼은 메트로폴리탄 오페라에서 코트 보관소를 운영하는 사람입니다. 공연 도중에는 코트를 찾는 사람이 없기 때문에 그는 공연장 뒤로 들어가 노래를 들을 수 있어요. 장담컨 대 그는 지난 20년 동안 메트로폴리탄 오페라에서 공연된 모든 곡을 들었을 겁니다."

내가 성공의 법칙과 인간의 다양한 품성에 대해 관찰하 고 연구하고 숙고해 온 모든 세월 동안 침착함의 본보기로 그 남자보다 더 나은 사례는 접해 본 적이 없다. 그날 밤 그 가 떠날 때 모든 손님들은 그가 파크 애비뉴의 고급 아파 트로 귀가하는 모습을 상상했다. 그러나 이제 손님들은 도 시 외곽의 방 한 칸짜리 아파트나 어쩌면 저렴한 월세방으 로 상상을 대체해야 했다. 손님 중 누구도 코트 보관소를 운영하는 사람이 얼마를 버는지 몰랐기 때문에 그가 살만 한 지역을 확실히 알 방법이 없었다. 하지만 그게 무슨 상 관인가? 그는 그저 자기 자신이었다. 진정한 자신을 성취 한 사람이었던 것이다. 소득이나 순자산에 관계없이 그 정 도로 말할 수 있는 사람이 얼마나 되겠는가?

당신은 이와 매우 다른 사례를 보여 주는 사람들을 많

이 마주쳤을 것이다. 바람 빠진 풍선처럼 되어버린 사람들 말이다. 이런 일은 중년이 될수록 더 잦아진다. 당신은 거리에서 그런 사람을 알아볼 수 있다. 그들은 고개를 숙인 채 아주 느릿느릿 걷는다. 내가 품성을 개발하는 것에 대해 이야기하면 그런 사람들은 어디에서 시작해야 할지 모른다. 물론, 납부해야 할 카드 값과 신경 써야 할 수많은 일들이 있을 때 품성에 집중하는 것은 매우 어렵다. 나는 그들이 몇 년에 걸쳐 확고한 품성을 키우는 것에 대해 좀 더 생각했다면 지금쯤 카드 값을 관리하기가 더 쉬웠을 것이라고 생각한다. 하지만 아리스토텔레스에 따르면 너무 늦은 때란 없다. 쉰두 살은 한 사람의 철학이 완성되는 나이다. 하지만 조금 늦어도 괜찮다. 그것을 인지하고 필요한 조치를 취한다면 말이다.

성취를 위해선 자신만의 철학을
확고히 해야 한다

목표를 성취하는 데 도움이 될 자신의 철학을 수립하기 위해 수많은 책이나 도서관이 필요한 것은 아니다. 언제 어디서나 할 수 있고, 바로 지금도 할 수 있다. 사실 우리는 개미의 철학을 발전시킴으로써 도움을 얻을 수 있다.

개미가 특별하고 중요한 이유는 두 가지가 있다. 우선 개미는 가고 싶은 곳이 어디인지 항상 알고 있으며, 그곳이 어디든 도달할 방법을 찾고자 계속 시도한다. 개미 앞에 돌멩이를 놓으면 개미는 우선 돌아가는 길을 찾으려 한다. 그런데도 갈 수 없으면 개미는 돌멩이 위로 기어간다. 어떤 이유인지 돌멩이 위로도 갈 수 없으면 개미는 자기보다 수백 배나 더 무거운데도 불구하고 돌멩이를 옮기려고 한다. 그리고 돌멩이를 들 수 없다는 것을 깨달으면 도와줄 다른 개미들을 찾는다. 모든 개미들이 힘을 합쳐도 돌멩이를 들지 못하면 개미들은 결국 돌멩이 밑에 터널을 파기 시작한다. 그것도 안 되면 돌멩이를 갉아 길을 만들기 시작할 것이다. 개미는 언제까지 시도할까? 죽을 때까지다. 개미가 결코 하지 않는 한 가지는 그만두는 것이다. 이것이 바로 성취에 대한 개미의 철학이다. 우리는 이러한 철학을 우리의 세계관에 적용해야 한다.

개미가 중요한 두 번째 이유는 개미가 여름에 하는 일 때문이다. 개미는 여름 동안 겨울을 위한 계획을 세운다. 개미는 신용카드가 없다. 즉, 미래의 부채를 만드는 데 현재를 이용하지 않으며, 자신을 위한 자산을 만드는 데 현재를 이용한다. 개미와 베짱이 우화를 기억하는가? 베짱이는 여름 내내 힘들게 일하는 개미를 비웃었다. 그리고 아무 걱정 없이 풀 사이를 뛰어다니며 그저 즐거운 나날을 보냈다. 겨울이 되어 베짱이는 굶어 죽게 된 반면 개미는 먹을 것이 풍족한 채로 추운 날을 견딜 수 있었다. 누구나 어느 순간에는 베짱이처럼 살기 마련이지만 이제 그렇게 되지 않도록 명심해야 한다.

품성은 생각을 성취로 전환하는 수단이다. 잡을 수도,

가리킬 수도, 무게를 잴 수도 없다는 점에서 다소 추상적
이지만 매우 현실적인 의미에서 보면 품성은 가고 싶은 곳
에 도달하게 하는 중요한 도구다.

성취를 객관적으로 평가하는 방법

집에서 시내 반대편에 있는 상점까지 운전해서 가려면 휘
발유를 채운 자동차와 시동을 걸 열쇠가 필요하다. 신호
가 빨간불로 바뀌면 언제 브레이크를 밟아야 하는지 알 수
있도록 운전하는 방법을 익혀야 하고, 삶의 경험을 바탕으
로 한 판단력도 있어야 한다. 뿐만 아니라 커피와 파이를
사러 10분마다 멈추지 않도록 목적지에 도달하려는 진정
한 의도가 있어야 한다. 또한 제시간에 집에 갈 수 있도록
시간을 얼마나 할애할지 알아야 하며, 교통 체증으로 차가
막히면 늦는다고 연락할 수 있을 정도의 성숙함을 갖춰야

한다. 이런 것들은 손으로 만질 수도, 자로 측정할 수도 없다. 하지만 자동차, 연료, 열쇠만큼이나 목적지에 도달하는 데 중요한 요소다. 이것은 확고한 품성을 만드는 것과 비슷하다.

이러한 비교를 좀 더 이어가 보자. 자동차의 상태를 추적하는 방법은 여러 가지가 있다. 타이어를 보고 접지면이 마모되었는지 확인할 수 있으며, 주행 기록계를 보고 오일을 교환한지 얼마나 되었는지 알 수 있다. 또 전조등과 후미등 버튼을 켜고 차 주변을 둘러보며 등화 장치가 제대로 작동하는지 확인할 수 있다. 이처럼 자동차의 상태를 알 수 있는 객관적인 지표들이 있다. 마찬가지로 자신의 성취를 객관적으로 평가하는 여러 가지 방법이 있다. 예를 들면, 재무 상태를 종합해 순자산을 확인하거나 감정사를 고용해 자기 집의 시장가치를 알아볼 수 있다. 또 10년 전 자신의 위치와 현재 자신의 위치를 비교해 그동안 이룬 발전 정도를 측정할 수 있다.

상점까지 무사히 운전하는 것이 언제 브레이크를 밟고

언제 엑셀을 밟는지 아는 것에 달려 있듯이, 성취는 품성에 달려있다. 하지만 원하는 목표에 도달할 정도로 자신의 품성이 훌륭한지 어떻게 알 수 있는가? 앞서 사용한 비유를 계속 적용하자면, 사고 없이 운전하기 위해 타이어의 마모도나 남아 있는 연료를 확인하는 것처럼, 나는 품성의 힘을 평가할 수 있는 방법들이 있다고 생각한다. 이러한 품성 평가 기법들을 활용하기 위해서는 스스로에게 가차 없이 솔직해야 한다. 처음에는 다소 고통이 따를 것이다. 하지만 품성이 성취의 기본이라는 사실을 받아들이고 나면 당신은 기꺼이 대가를 지불할 것이다.

자동차의 연료 게이지가 현재 있는 연료량을 보여 주는 것처럼, 당신은 품성의 연료가 인생의 목적지에 도달할 만큼 충분한지 아닌지 확인할 수 있다. 가득 차 있는지, 비어 있는지, 아니면 그 중간인지 구분하는 법을 배울 수 있다. 그 방법은 다음과 같다. 자동차 연료 게이지는 한 가지로만 평가되는 반면, 품성은 가상의 네 가지 게이지로 평가될 수 있다.

품성 평가 방법 ①

먼저 게이지의 오른쪽에 거부Refusal를 나타내는 글자 R이 있다고 상상해 보자. 그리고 게이지의 왼쪽에는 안주Complacency를 나타내는 글자 C가 있다고 상상해 보자.

R부터 보자면, 품성이 훌륭하고 확고하다면 받아들이기를 거부하는 것들이 있을 것이다. 예를 들어, 업무에서 대충하는 것을 거부한다고 가정해 보자. 그렇다고 해서 모든 일이 항상 바라고 의도한 대로 진행되는 것은 아니다. 하지만 그것은 중요하지 않다. 통제할 수 없는 변수들은 항상 존재하지만, 그에 관계없이 언제나 최고 수준의 노력을 기울여야 한다는 게 중요하다. 마찬가지로 가족에 대한 헌신도 강해야 하며, 가족의 요구와 행복에 관해선 어떤 영역에서도 타협을 거부해야 한다. 개인 생활에서는 어떤 형태든 옹졸하고 부정직하고 비윤리적인 행동을 거부해야 한다. 이것이 첫 번째 품성 평가 게이지의 오른쪽이다.

왼쪽에는 안주를 뜻하는 C가 있다. 이것은 '그냥 넘어간다.Let It Slide.'를 뜻하는 LIS나, '뭐가 다른데?What's The Difference

Anyway?'를 뜻하는 WTDA가 될 수도 있다. 이 척도에서 당신이 어디쯤에 있는지 스스로에게 물어보자.

이루고 싶은 목표를 성취하기 위해 올바르고 확고하게 거부했는가? 그렇지 않다면 지금 당장 멈춰야 할 때다.

품성 평가 방법 ②

두 번째 품성 게이지는 오른쪽에 '결정 Decision'을 뜻하는 D가 있고, 왼쪽에는 '아마도 Maybe'를 뜻하는 M이 있다. 당신은 갈림길에 이르면 어느 한쪽을 택해서 가는 사람인가? 아니면 멈춰서 턱을 문지르며 "아마 이쪽으로 갈 수도 있고 다시 저쪽으로 갈 수도 있어."라고 말하며 결국 아무데도 가지 않는 사람인가?

지금 당신과 당신의 인생이 직면한 큰 문제에 대해 생각해 보라. 직장을 그만두고 사업을 시작하고 싶을 수도, 결혼을 하고 싶을 수도 있다. 어떤 경우든 당신은 결정을 내리고 그것을 실행하는 사람인가? 아니면 "아마 그럴 수도 있고 아닐 수도 있어."라고 말하는 사람인가?

품성 평가 방법 ③

이제 한쪽에 W, 다른 한쪽에 A가 있는 게이지를 생각해 보자. W는 밝은 빨강색이나 주황색이 되어야 하는 반면, A는 짙은 녹색이나 옅은 노란색이 되어야 할 것이다. '지금 그것을 원한다.^{I Want it Now.}', '정말 간절히 원한다.^{I Want it Real Bad.}', '무슨 일이든 할 만큼 너무나 원한다.^{I Want it so Much I'll Do Whatever it Takes.}'와 같이 W는 '원하는 것^{Want}'을 나타낸다. W는 작가가 되고 싶어 매일 새벽 4시에 일어나 소설을 쓰는 것, 아이를 치료할 수 있는 의사를 찾기 위해 온 나라를 돌아다니는 것을 의미한다. 나는 그런 일들을 모두 해내고 마침내 원하는 것을 얻은 사람들을 알고 있다.

A는 '무관심^{Apathy}', 즉 무슨 일이 일어나도 전혀 상관하지 않는 것을 뜻한다. 무슨 일이 일어나는지 정말 신경 쓰지 않는다면 오히려 다행이다. 분명 좋은 일이 아닐 것이기 때문이다.

품성 평가 방법 ④

이제 마지막 품성 게이지를 살펴보자. 오른쪽에 '약속 Promise'을 나타내는 P가 있고 왼쪽에 '두려움Fear'을 나타내는 F가 있다. 확고한 품성을 지닌 사람은 스스로에게 목표 달성을 약속한다. 그리고 목표를 이루지 못할 수도 있다는 생각을 절대 하지 않는다. 약속을 했고 그 약속을 지키려 할 뿐이다.

상점으로 출발할 때 문 앞에 멈춰 "상점에 무사히 가지 못하면 어떻게 하지?"라고 생각하는 사람은 없을 것이다. 당신은 그저 상점에 가려고 할 것이며, 상점에 도착한다는 것을 알고 있고 실제로 도착할 것이다. 단지 그렇게 가정하는 것이다.

두려움을 극복할 때
진정한 성취가 이루어진다

두려움은 스스로에게 약속하지 못하는 것이다. 목적지로 가는 길에 일어날 수 있는 온갖 나쁜 일들을 생각하기 시작할 때 두려움이 일어난다. 그리고 얼마 지나지 않아 '그냥 집에 있는 게 더 편하지 않을까? 침대에 누워 있는 게 더 안전하지 않을까? 이불을 뒤집어쓰는 게 더 낫지 않을까?'라고 생각하게 된다.

막 걸음마를 시작할 때를 떠올려 보자. 걷는 법을 배울 때 당신은 해낼 것이라고 스스로에게 조용히 약속했을 것이다. 때로는 겁이 났겠지만 몇 번이고 다시 일어나 휘청대며 걸었다. 당연히 울 때도 있었지만 전혀 상관하지 않았다. 그런 것은 생각조차 하지 않았다. 당신은 넘어질 때마다 이내 잊어버리고 다시 일어났다. 방 저쪽까지 걸어가겠다고 스스로에게 약속했기 때문이다. 그리고 마침내 해냈다! 얼마나 오래 걸렸는가? 그것은 중요하지 않다. 당신은 해냈다! 그 당시 당신은 두려움을 극복하고 스스로에게 한 약속을 지키는 확고한 품성을 지니고 있었다. 여전히 그 힘을 갖고 있는가? 인식하든 못하든 당신은 그 힘을 갖고 있다. 어린 시절 당신은 "방을 가로질러 걷는 꿈을 이루기 위해 얼마나 노력해야 할까?"라고 스스로에게 물었을 것이다. 그리고 본능적으로 이렇게 답했을 것이다. "될 때까지."

바로 지금 스스로에게 같은 약속을 하라. 약속을 지키려면 품성의 힘이 필요하다. 그리고 지금까지 말했듯이 품성의 힘은 성취의 토대다. 나는 이 점을 분명히 약속할 수 있다.

UNSHAKABLE

12
장

가장 어려운 동시에
가장 쉬운 일은
'나'를 바꾸는 것이다

몇 년 전 작고한 빅터 허만Victor Herman의 《얼음에서 나오다
Coming Out of the Ice》는 가장 주목할 만한 책 중 하나다. 나는
이 책 이야기를 시작으로 이 장을 열어 보려 한다.

동기부여를 부르는 네 가지 강력한 요인

내적 동기

《얼음에서 나오다》는 14년간 시베리아 수용소에서 생

존을 위해 고군분투한 빅터 허만의 자전적 이야기가 담겨 있다. 빅터 허만은 미국 미시간 주에서 태어났으나, 1930 년대 아버지가 포드 자동차 회사의 러시아 공장으로 가게 되면서 함께 러시아로 건너갔다. 20대 초반이었던 허만은 정치적으로 신뢰할 수 없다는 이유로 체포되어 시베리아 로 보내졌다. 당시 소비에트 연방 수감 체계의 철학은 매 우 단순했다. 바로 재소자들이 죽을 때까지 일하는 것이었 다. 북극의 혹독한 추위가 몰아치는 겨울과 모기가 들끓고 견딜 수 없을 정도로 습한 여름에 재소자들은 적절한 옷과 장비도 갖추지 못하고 제대로 된 음식도 먹지 못한 채 끊 임없이 불가능한 작업을 강요받았다. 이런 상황에 직면한 재소자는 삶의 의지를 잃고 얼마 지나지 않아 죽음을 맞이 할 수밖에 없었다. 그러나 빅터 허만은 이 규칙에서 벗어 난 놀라운 예외였다. 그는 수용소 밖에서의 삶에 대한 현 실적인 희망도, 대부분의 사람이 갖고 있는 살아야 할 이 유도 전혀 없었다. 그러나 순수한 완강함, 품성의 힘에서 비롯된 내면의 무언가가 그를 부서지지 않도록 만들었다.

한 번은 특별한 작업이 허만에게 할당되었는데, 수용소 관리자들은 그가 작업에서 살아남지 못할 것이라고 생각했다. 꽁꽁 얼어붙은 어느 이른 아침, 그는 감시원 한 명과 숲으로 가게 되었다. 그곳에서 그가 할 일은 하루가 가기 전에 거대한 나무 수십 그루를 베어 가지를 쳐낸 뒤, 화물 열차에 싣는 것이었다. 물론 혼자서 해야 했다. 그것은 말 그대로 불가능한 작업이었다. 하지만 빅터 허만은 어떻게든 작업을 해냈다. 패배하거나 포기하기를 거부했기 때문이다. 그야말로 기적 같은 일이 일어난 것이다. 작업하는 동안 그를 감시했던 무장 감시원은 자신의 눈앞에서 벌어지는 광경에 그야말로 말문이 막혔다. 불가능한 작업이 끝나자 빅터 허만은 감시원을 얼싸안지 않을 수 없었다. 그가 보여 준 놀라운 신체적, 정신적 강인함은 축하받아 마땅했다. 광활한 시베리아 숲 한복판에서 축하해 줄 사람이 러시아 감시원밖에 없다 해도 말이다. 감시원은 그에게 잠시 미소를 지었다. 그 후 두 사람은 터벅터벅 걸어 수용소로 돌아왔다. 허만은 수년 간 그곳에 갇혀 있다가 마침내 풀려나 올림픽 감독으로 놀라운 성과를 거두었고, 30년 가까운 세월을 소비에트 연방에서 보낸 끝에 미국으로 돌아왔다.

빅터 허만의 놀라운 이야기는 분명 알려질 만한 가치가 있다. 그리고 나는 그의 업적에서 배울 점이 매우 많다고 생각한다. 나는 당신이 빅터 허만처럼 될 수 있다거나 그렇게 되고자 노력하라고 제안하는 것이 아니다. 빅터 허만의 생존에서 가장 놀라운 사실은 그가 전적으로 자기 내면에서 동기를 찾았다는 점이다. 그가 죽든 살든 신경 쓰는 사람은 아무도 없었다. 그는 수용소 밖에서의 삶을 생각할 이유가 없었다. 하지만 그는 감시원들이 자신의 항복을 기다리며 점점 더 초조해지고 있다는 사실을 매일 매순간 분명히 알 수 있었다. 허만이 이처럼 완전히 고립된 상황에서 삶의 의지를 놓지 않았다는 사실은 그가 몸으로 이룬 성취보다 훨씬 더 놀라운 일이다.

외적 동기

이러한 내적 동기를 개발할 수 있는 사람은 거의 없다. 우리 대부분, 사실상 거의 모든 사람은 중요한 일을 성취하기 위해 외적인 이유가 필요하다. 이것은 인간 본성의 자명한 이치다. 우리는 확고한 품성을 지닌 사람이 될 수 있으나 최대한 강인해지기 위해서는 외적인 무언가가 필요하다. 그저 재정적으로 성공하고 싶다는 바람만으로는 그것을 실현하기에 충분하지 않다. 또한 새로운 기술을 배우거나, 자기 파괴적인 습관을 버리거나, 생활 방식에 큰 변화를 주고 싶다는 바람만으로는 보통 기대한 결과를 얻지 못한다. 하지만 사랑하는 사람이 최고의 치료를 받을 수 있도록 큰돈을 마련해야 한다면 어떻겠는가? 외국에서 감옥에 갇힌 가족을 구하기 위해 새로운 언어를 배워야 한다면 어떻겠는가? 생사의 갈림길에서 벗어나기 위해 생활 방식을 바꿔야 한다면 어떻겠는가? 당신의 동기는 훨씬 높은 수준으로 올라갈 것이다. 대부분의 사람들은 하고 싶다wanting to는 마음보다 해야 한다having to는 마음이 훨씬 더 강력하다. 하지만 많은 경우, 특히 어릴 때에는 누군가가 그 점을 지적하기 전까지 그 차이를 명확히 알지 못한다.

내게 '하고 싶은 것'과 '해야 하는 것'의 차이를 알려준 사람은 고인이 된 내 멘토 얼 쇼프^{Earl Shoaff}였다. 그는 그것을 알려줌으로써 내게 큰 호의를 베풀었다. 그와 이야기를 나눈 뒤, 나는 처음으로 내가 성공을 향해 올바르게 나아가고 있음을 느꼈다. 그 과정은 정말 간단하고 직관적이었다. 어느 날 그는 나를 따로 불러 이렇게 말했다. "짐, 자네는 인생에서 정말 많은 것을 성취할 수 있는 충분한 재능과 지능을 가졌네. 하지만 그것을 실현할 이유가 부족해." 그 말을 듣자 머릿속에서 무언가가 분명해졌다. 그것은 내 인생의 전환점이자 정말 중요한 통찰이었다. 나는 성공할 수 있는 능력이 충분한지 스스로에 대해 항상 의구심을 갖고 있었다. 하지만 내가 해결해야 할 문제는 충분한 능력을 갖는 것이 아닌 '충분한 이유'를 갖는 것임을 한순간에 깨달았다.

나는 빅터 허만이 아니다. 솔직히 말해서, 당신도 아닐 것이다. 우리는 시베리아 숲 한복판에서 통나무를 싣는 것처럼 외부와 단절된 상황에서 성공할 수 있는 의지력이 없다. 우리는 동기부여 측면에서 얻을 수 있는 모든 도움이 필요하다.

동기부여를 부르는 네 가지 강력한 요인

물론 사람마다 동기를 얻는 요인은 다르다. 동기부여에 대한 여러 연구를 읽어 본 결과, 대다수가 인간의 가장 강력한 동기요인으로 네 가지를 꼽았다. 네 가지 동기요인을 하나씩 설명할 테니 주의 깊게 읽어 보기 바란다. 만약 당신이 관리자나 리더 자리에 있다면 부하 직원들을 돕는 데 동기요인을 어떻게 활용할 수 있을지도 생각해 보자. 그것은 사람들을 움직이고 일을 하게 만드는 실질적인 요인이다. 또한 하고 싶은 마음만으로 충분하지 않을 때 작용하는 요인이며, 무언가가 할 가치가 있다고 믿고 실행에 옮기는 진정한 이유다.

첫 번째, 동료들의 인정

군인이 전쟁에서 목숨을 걸고 싸우는 이유는 무엇인가? 애국심 때문인가, 싸워서 이루려는 대의에 대한 믿음 때문인가, 싸우지 않으면 군법 회의에 회부된다는 두려움 때문인가? 이런 요인들도 부분적으로 작용하겠지만 광범위한 연구 결과, 군인들이 전투에서 열심히 싸울 수 있도록 동기를 부여하는 요인은 바로 옆에서 싸우는 동료를 존중하려는 욕구인 것으로 나타났다. 이것은 훈장이나 다른 형태의 대중적인 인정보다 훨씬 더 중요하다.

수년 동안 미국 미식축구리그의 선수들은 매 시즌이 끝날 때 올스타 팀을 직접 선정했다. 나는 선수들이 선정한 올스타 팀과 팬이나 스포츠 기자들이 선정한 올스타 팀의 차이가 항상 흥미롭고 재미있었다. 동료 선수들에게 선정되는 영광은 핫도그를 먹으며 특별석에 앉아 있는 누군가의 인정보다 훨씬 더 큰 의미가 있을 것이다. 간단히 말해서, 동료들의 인정은 모든 인간 활동에서 정말 강력한 동기요인이다.

두 번째, 존경하는 전문가나 권위자의 인정

이것은 내 인생에서 대단히 중요한 요인이었다. 쇼프 선생님은 내가 그를 소개받은 순간부터 존경한 사람이었다. 더불어 그는 내가 반드시 존경하고 싶은 사람이기도 했다. 당신의 인생에 그런 사람이 있었는가? 아니면 현재 그런 사람이 있는가? 존경하는 전문가가 세계적으로 널리 알려진 사람일 필요는 없다. 자격 기준을 세우는 사람은 바로 당신이다. 하지만 많은 경우 당신이 깊은 인상을 받은 사람은 다른 사람들에게도 마찬가지로 깊은 인상을 줄 것이다.

그런 사람을 만나면 멀리서 보았거나 신문에서 그 사람에 대한 기사를 읽은 것이라 해도 주저하지 말고 정중히 다가가 자신을 소개하라. 특별히 곤란한 순간이 아니라면 대부분의 성공한 사람들은 다른 사람을 돕고자 하며 자신이 배운 것을 전해 주고 싶어 한다. 물론 나도 쇼프 선생님을 처음 만났을 때 불안하고 걱정스러웠다. 하지만 그에게 다가가지 않았다면 내 인생이 어땠을지 생각하니 몸서리가 쳐진다.

동기부여 관점에서 볼 때, 멘토와 관계를 맺는 것의 가장 큰 장점은 멘토가 실제로 옆에 없을 때에도 멘토의 조언이 들린다는 것이다. 쇼프 선생님은 수년 전 세상을 떠났다. 그는 불과 49세의 나이로 갑작스런 죽음을 맞이했지만, 나는 지금도 그가 매일 내게 이야기하는 것처럼 느낀다. 그리고 여전히 그의 인정과 존중을 얻고 싶다.

세 번째, 가족

가족은 세 번째 중요한 동기요인이며 여러 측면에서 가장 강력하다. 동료와 전문가의 인정이 커리어에서 가장 중요할 수도 있지만, 인생 전체를 놓고 볼 때 가족의 중요성에 견줄 만한 것은 없다.

수년 전 내 경험은 이 원칙을 잘 보여 주는 사례다. 나는 미니애폴리스Minneapolis에서 여러 기업가들을 대상으로 강연을 한 적이 있다. 강연이 끝난 뒤 한 젊은 남성이 내게 다가와 재정적 성공을 거두기 위한 조언을 요청했다. 나는 그런 조언을 요청받을 때 늘 하던 대로 두 가지 간단한 질문으로 시작했다. 첫 번째는 '1년에 얼마를 벌고 싶은가.'였다. 이 질문은 그 사람이 구체적인 수치를 떠올릴 만큼 자신의 목표를 충분히 고민했는지 확인하기 위해서다. 구체적으로 답하는 사람은 그저 "아주 많이 벌고 싶어요."라고 말하는 사람보다 훨씬 낫다. 그 남성은 내가 기대한 것보다 훨씬 더 구체적으로 목표에 집중하고 있었다. "저는 앞으로 10년 동안 적어도 1년에 250만 달러를 벌어야 합니다." 그는 한 치의 망설임도 없이 대답했다. "그러면 어째서 그 돈을 벌고 싶습니까?" 나는 두 번째 질문을 했다. 그는 이번에도 즉시 답했다. "론 선생님, 저는 10년 후 아이들이 여행을 즐길 수 있는 나이가 되면 가족과 함께 전 세계를 다니며 평생 기억에 남을 여행을 하고 싶습니다. 1년 동안 비용을 아끼지 않고 여행할 계획이에요. 여행에 필요한 자금을 모으려면 앞으로 10년 동안 매년 250만 달러가 필요합니다." 이 말을 하며 그는 눈시울을 붉혔다. 이후 그의 소식을 듣지는 못했으나 그는 분명 목표를 달성했을 것이다. 나는 그가 앞으로 몇 년 동안 오랜 시간 일하고, 마감 기한을 맞추고, 장애물을 극복하고, 오늘의 성공에 필요한 모든 일을 기꺼이 해내는 모습을 머릿속에 그릴 수 있다. 그는 재정적 성공과 그에 따르는 물질적 보상을 얻으려는 단순한 열망이 아닌, 그 이상의 무언가에서 동기를 얻었다. 이 남성이 열심히 일한 것은 아내와 자녀에게 평생 간직할 귀중한 추억을 선사하고 싶었기 때문이다. 이것이 믿어야 할 이유가 아니라면 어떤 이유를 믿겠는가. 다른 사람에게 이러한 수준의 감정을 느낄 수 있는 사람은 진정 축복받은 사람이다. 그리고 그런 배우자와 부모가 있는 가족 또한 정말 축복받은 가족이다.

네 번째, 이타적인 태도와 인류애

마지막으로 네 번째 동기요인은 자선을 실천하고 싶은 마음, 즉 인류를 이롭게 하려는 열망이다. 이것은 자신의 가족을 이롭게 하려는 열망, 자신의 부와 지혜를 세상에 나누려는 열망과 밀접하게 관련된다.

나는 앤드류 카네기^{Andrew Carnegie}의 일대기를 좋아한다. 스코틀랜드 출신 이민자인 그는 1800년대에 'US 스틸^{United States Steel Company}'을 설립했다. 그가 죽은 뒤 그의 책상에서 발견된 노란색 종이에는 그가 20대 때 자신에게 쓴 메모가 적혀 있었다. 그것은 그의 인생 목표를 제시한 메모였다. "나는 인생의 전반기를 돈을 모으는 데 쓸 것이다. 그리고 나머지 인생은 그 돈을 모두 베푸는 데 쓸 것이다." 그는 65세에 4억 8000만 달러에 회사를 매각하고(오늘날 약 130억 달러.) 남은 인생을 자선 활동에 바쳤다. 그는 5600만 달러를 들여 전 세계에 2500개의 도서관을 지은 것을 비롯해 평생 3억 5000만 달러(오늘날 약 48억 달러.) 이상을 기부했다.

네 가지 중요한 동기요인을 통해 실제로 무엇을 알 수 있는가? 나는 네 가지 동기가 동료, 멘토, 가족, 인류 구성원 등 다른 사람을 포함하고 있다는 사실을 바로 알아차렸다. 아이러니하지 않은가? 성공하기 위해서는 확고한 품성이라는 매우 내적이고 개인적이며 고유한 자질이 필요하다. 하지만 내면 깊은 곳의 그 자질을 습득하고 발휘하려면 자신 이외의 다른 사람이 필요하다. 나는 이 점을 기쁘게 생각한다. 다른 사람을 필요로 하고 그들을 위해 일하는 것이 내 삶을 정말 가치 있게 만들어 주기 때문이다. 그리고 당신도 같은 생각일 것이라고 확신한다.

각자의 내면에는 일종의 가상 측정기가 있다. 그것이 저울인지, 계산기인지, 나침반인지, 아니면 이 세 가지의 조합인지는 확실히 알 수 없지만, 그 측정기는 항상 작동하며 수많은 종류의 유혹과 확고한 품성의 윤리적 생활이 주는 이득 사이에서 균형을 유지하도록 해 준다. 유혹이 이득보다 크면 매우 불행한 일이 일어나기 시작한다.

당신은 지금까지 다른 사람들과 그들에 대한 애정으로 품성을 키우고 성공을 이룰 수 있는 여러 방법들을 살펴보았다. 그 방법을 실천하는 동안 스스로 세운 기준에 부응하지 못한다면 어떻게 될까? 품성을 키우기 위해 헌신을 할 때마다, 위험을 감수할 때마다 당신은 내면의 저울을 품성, 확고함, 옳은 일 쪽으로 되돌리게 된다. 결국 이 책에서 우리가 논의한 여러 자질 중 하나에 헌신할 때마다 당신은 인생에 대한 올바른 '투자'를 하고 있는 셈이다. 따라서 그런 자질에 어긋나는 방식으로 살기 시작한다면 당신은 투자한 것을 잃게 될 것이다. 투자한 것을 잃고 싶은 사람은 아무도 없다. 하지만 그런 일이 일어나기 시작하면 얼마 지나지 않아 파산하게 된다.

확고한 품성을 만드는 자질

성공적이고 성취감 있는 인생과 커리어를 만드는 토대에는 용기, 정직, 무결성, 끈기, 지혜, 책임, 유머, 유연성, 인내, 확신, 건강, 성취가 포함되며 이것은 결국 확고한 품성을 의미한다. 앞서 살펴본 내용을 떠올리고 매일의 생활 방식으로 적용하기 위해 각 항목을 간단히 살펴보자.

① 용기

용기는 우리가 논의한 확고한 품성의 첫 번째 자질이었다. 용기는 두려움이 없는 상태가 아니다. 두려워할 만한 것을 마땅한 때에 마땅한 모습으로 두려워하는 것이다. 예를 들어 우리는 실패를 두려워해서는 안 된다. 누구나 실패할 수 있으며 사실상 모든 사람이 한 번쯤은 실패를 겪는다. 다양한 분야의 뛰어난 리더들은 여러 차례 실패했으나 그럼에도 불구하고 위대한 업적을 남겼다. 우리가 두려워해야 하는 것이 있다면 그것은 최선을 다하지 못하는 것밖에 없다. 우리는 스스로 세운 이상에 따라 살지 못하는 것을 두려워해야 한다. 어느 위대한 시인은 이렇게 노래했다. "충분히 용감한 사람이라면 누구나 겁쟁이가 될 것이다." 나는 여기에 진실이 담겨 있다고 생각한다. 그러니 두려움을 받아들여 그것을 진정한 용기의 토대로 삼아라.

② 정직과 무결성

다음으로 밀접한 관련이 있는 두 가지 자질, 정직과 무결성에 대해 살펴보았다. 진실을 말하는 것은 빚을 갚는 것과 마찬가지로 고통스러울 수 있다. 신용카드로 지불을 미루고 싶은 유혹이 있는 것처럼, 닥친 일을 회피하고 얼버무리고 싶은 유혹이 있다. 하지만 신용을 담보로 한 구매는 장기적으로 볼 때 재정적으로든 윤리적으로든 타당하지 않다. 양쪽 측면에서 이자가 당신을 갉아먹을 것이기 때문이다. 재정적 측면에서는 은행 잔고만 사라지겠지만, 윤리적 측면에서는 영혼이 파괴된다.

③ 끈기

확고한 품성을 이루는 다음 요소는 끈기였다. 이른바 '클래스'라고 말할 수 있는 이러한 예비 에너지는 어떤 분야에서든 확고한 품성을 나타내는 특징이다. 성공한 사람들은 내적이든 외적이든 고난을 극복하는 힘을 찾기 위해 자신의 내면 깊이 도달한다.

끈기에서 결정적인 역할을 하는 것이 목표이다. 테니스에서 네트, 베이스 라인, 점수 기록이 중요한 만큼 성취에서도 목표가 중요하다. 목표 없이 훌륭한 선수가 될 수도 있겠지만 그럴 가능성은 거의 없다. 목표가 없다면 무엇을 할지 어떻게 알 수 있겠는가?

④ 지혜

지혜에 대한 논의에서 우리는 어째서 지혜를 얻으려는 욕구가 결코 충족될 수 없는지 그리고 진정으로 지혜를 사랑하는 사람들이 어째서 그러한 불가능성으로 인해 지혜를 더욱 갈망하게 되는지 알아보았다. 소크라테스와 솔로몬은 여러 면에서 다르지만 현명하게 행동하는 능력을 지녔다는 공통점이 있다. 불필요한 죽음을 택한 소크라테스의 어리석어 보이는 결정은 "너 자신을 아는 것이 곧 지혜."라는 그 원칙을 충실히 지킨 결과였다.

⑤ 책임

이어서 확고한 품성을 이루는 요소로 책임을 살펴보았다. 대부분의 사람들은 책임을 피하기 위해 무엇이든 하려고 한다. 하지만 책임을 추구하는 사람들, 경기의 승패가 걸려 있는 순간 기꺼이 공을 잡는 사람들은 확고한 품성에서 자연스럽게 흘러나오는 물질적, 정신적 보상과 리더십에 따라오는 영광을 얻을 수 있다.

⑥ 유머

유머는 확고한 품성을 이루는 자질로 여겨지지 않을 때가 많지만 매우 중요한 요소인 것으로 입증되었다. 특히 미국에서는 자신을 비웃을 수 있는 능력이 신뢰성과 근본적인 정직함을 나타내는 증거다. 우리는 유머를 주의 깊게 다루어야 하는 이유, 재미있는 이야기를 하는 사람과 재미있는 사람은 매우 다르다는 점도 살펴보았다.

⑦ 유연성

유연성이 성공에 중요한 이유를 알아보았다. 유연성은 경직되지 않은 힘이다. 이는 통제할 수 있는 것과 통제할 수 없는 것을 인식하고 그에 따라 행동하는 것을 의미한다. 또한 우리에게 주어진 카드에 최선을 다하고 카드가 불리하게 놓여 있다고 생각하려는 유혹에 저항하는 것을 의미한다.

⑧ 인내

인내는 유연성과 마찬가지로 예측할 수 없는 운명에 대처하는 데 도움이 될 뿐만 아니라, 예측할 수 없는 운명을 성공의 재료로 바꿀 수 있게 해 주는 품성의 한 측면이다. 인내는 시간에 맞서 절망적으로 싸우는 대신 시간을 내 편으로 만들 수 있게 해 주는 자질이다. 인내는 진정한 성숙함을 나타내는 특징이며 확고한 품성과 나약한 품성, 성숙한 어른과 미성숙한 어린이를 구별한다. 그 사람이 세 살이든 서른세 살이든 관계없이 말이다.

⑨ 확신

확신은 품성의 본질적인 요소이자 다른 사람에게 투자하는 감정적 재화다. 확신은 신뢰를 불러일으키는 능력이

다. 하지만 스스로를 신뢰하고 자신이 만나는 사람들을 신
뢰해야만 얻을 수 있다. 진정으로 확신 있는 사람이라면,
자신에 대한 믿음이 강해서 세상이 안전해 보이고 자신이
성공을 향해 올바르게 움직이는 것처럼 보일 것이다. 확신
은 우리가 현실을 인식하는 방식을 바꿀 수 있는 확고한
품성의 한 측면이다.

⑩ 건강

건강은 현명한 선택에서 비롯되므로 확고한 품성의 한
측면이다. 건강은 종교도, 식단도, 운동 프로그램도, 24시
간 동안 소비하는 열량도 아니다. 정확히 말해서, 건강은
가장 근본적인 의미에서 우리가 누구이며 어떻게 살아야
하는지에 대한 인식을 나타낸다.

⑪ 성취

우리는 가득 열린 열매가 건강한 나무를 상징하는 것과
마찬가지로 성취가 어떻게 확고한 품성을 보여 주는지 알

아보았다.

이 책에서 살펴본 원칙과 기법을 마음에 새김으로써 당신은 흔들리지 않는 품성을 구축할 수 있을 것이다. 그리고 모든 종류의 성공 또한 따라올 것이라고 믿어 의심치 않는다. 따라서 성공이 왔을 때 우아하고 현명하게 다루는 방법에 대해 몇 가지 생각을 제시하며 이 책을 마무리하고자 한다.

목표를 달성하고, 오래된 행동 방식에서 벗어나고, 피할 수 없는 장애물을 극복하고자 노력할 때, 합법적이고 윤리적인한 발전에 필요한 모든 수단을 사용해도 좋다고 생각한다. 분노를 통해 스스로에게 동기를 부여하고 싶다면 그리고 많은 사람들이 그렇게 한다면 나는 무엇이든 효과가 있는 방법을 사용하라고 말할 것이다. 커리어의 여러 단계에서 부당한 일을 겪었다고 느낀다면 그래서 정상에 올라 달콤한 복수를 할 날을 고대한다면 나는 무엇이든 하라고 말할 것이다. 하지만 성공을 이루었다면 그 모든 것을 잊으라는 말도 덧붙이고 싶다. 정상에 오르기 위한 연료로 분노를 사용했다면 정상에 오른 뒤 그것을 바닥에 던져 버려라. 이것이야말로 확고한 품성에서 비롯되는 행동이며 매우 똑똑한 행동이다.

가고 싶은 곳에 도달하기 위해 필요한 모든 것을 해야 하며 그곳에 도달한 뒤에는 잘 살아가야 한다. 용기, 정직, 무결성, 끈기, 책임, 지혜, 유머, 유연성, 인내, 확신, 건강, 성취를 갖추고 잘 사는 것. 이것이야말로 당신에게 중요한 일이다. 당신이 관심을 두어야 할 일은 견고한 토대 위에 흔들리지 않는 품성을 구축하는 것이다. 품성을 구축하고 나면 그것을 유지하라. 나는 당신이 그렇게 할 것이라고 믿어 의심치 않는다.

UNSHAKABLE

짐 론과
피터 로우의 대담

짐 론의 말

짐 론Jim Rohn은 미국 최고의 비즈니스 철학자로 불려 왔다. 그는 30여 년 동안 5000명 넘는 청중과 300만 명 넘는 대중들에게 자신의 메시지를 전했다. 자기계발, 성공, 잠재력 발휘에 초점을 맞추며 역동적이고 인상적인 연설가로 독보적인 명성을 쌓았다.

피터 로우Peter Low는 회사의 연매출을 0원에서 1000만 달러 이상으로 성장시킨 천재적인 기업가로 알려져 있다. 그는 미국 대통령부터 포춘 500대 기업 CEO, 슈퍼볼 우승팀 감독, 퓰리처상 수상 작가 등, 최고의 성취를 이룬 사람들을 인터뷰하며 그들의 성공 전략을 연구했다.

"간단한 것부터 시작해서 삶에 가치를 더하면 가장 놀라운 일을 할 수 있습니다."

피터 로우 ··· 선생님은 성공학 분야에서 정말 놀라운 분입니다. 수십 년 동안 그 일을 해왔고 선생님만의 특별한 이야기를 갖고 계시죠. 이에 대해 말씀해 주시겠습니까?

짐 론 ··· 저는 아이다호 남서쪽의 작은 시골 마을에서 자랐습니다. 아버지는 지금도 제가 자란 오래된 농가에 살고 계세요. 스네이크강이 내려다보이는 곳이죠. 다음 생신이면 92세가 되시는데 아직 은퇴하지 않으셨어요.

저는 고등학교를 졸업하고 대학을 1년 다니다가 어리석게도 2학년 중반 즈음 그만두었습니다. 스스로 충분히 똑똑하다고 생각했거든요. 직장을 얻어 일을 하다가 결혼해서 가정을 꾸렸어요. 그리고 제가 할 수 있는 최선이라고 생각하는 일을 열심히 했습니다. 하지만 해가 갈수록 저는 점점 더 뒤쳐졌어요. 제때 지불할 수 있는 것보다 더 많은 돈을 지출했고 채권자들이 전화를 걸어 독촉하기 시작했죠. 당황스러웠지만 어떻게 해야 할지 몰랐어요. 스물다섯살이 되었을 때 은행 잔고는 텅 비어 있었고 수중에는 동전 몇 푼이 전부였답니다. 가족에게 큰소리쳤던 약속은 지키지 못했고 기분이 좋지 않았죠. 어떻게 하면 더 나은 삶을 살 수 있을지 궁금했습니다. 학교로 돌아갈까도 생각했지만 가족이 있다 보니 그렇게 하기는 어려웠어요. '내 사업을 운영하면 좋을 텐데' 하는 생각이 들었지만 돈이 없었습니다. 그런데 행운이 찾아왔어요. 스물다섯 살에 찾아온 그 행운은 아주 큰 부자를 만난 일이었어요. 바로 얼 쇼프 선생님입니다. 그분 밑에서 일하던 제 친구 한 명이 제게 그분의 이야기를 해 주었죠. "그분을 만나봐. 부자인데도 대화하기 쉬운 사람이야. 그리고 놀라운 인생 철학을 갖고 계셔."

얼마 후 쇼프 선생님을 만날 수 있었고 저는 큰 감명을 받았습니다. 불과 몇 분 만에 저는 감탄했죠. 그리고 이렇게 생각했습니다. '저렇게 될 수만 있다면 뭐든 하겠어. 부자이면서 대화하기 쉬운 사람. 그러려면 뭐가 필요할까? 저런 사람과 함께 할 수 있다면, 저런 사람이 나를 가르쳐 주고 코칭해 준다면 모든 걸 배울 수 있을 거야.' 얼마 후 선생님은 저를 고용했습니다.

제가 선생님 밑에서 일한지 5년째 되던 해에 선생님은 49세로 세상을 떠나셨어요. 하지만 저는 그분과 5년을 보냈습니다. 그분 인생의 마지막 5년이자 제 새로운 인생의 첫 5년이었어요. 제 꿈이 이루어진 겁니다. 쇼프 선생님은 어떤 책을 읽을지, 어떤 규율과 기술이 필요한지 등을 제게 가르쳐 주셨어요. 또 제 말투와 성격에서 바뀌야 할 부분들도 가르쳐 주셨습니다. 5년 동안 제게 나눠 준 가르침은 제 인생을 획기적으로 변화시켰고 제 수입, 은행 잔고, 미래까지 바꿔 놓았죠. 저는 예전과 완전히 달라졌답니다.

서른한 살 때 저는 백만장자가 되었어요. 하지만 그건 그저 돈에 불과했고, 정말 가치 있는 것은 제가 습득한 기술과 규율이었습니다. 베벌리힐스에 살 때, 어느 날 한 친구가 이렇게 말했어요. "짐, 내가 활동하는 봉사 단체인 로터리 클럽에서 자네 이야기를 해 주게. '아이다호 농장 출신의 한 소년이 베벌리힐스에 살고 있다.' 이거 참 대단한 이야기 아닌가. 자리를 마련하면 조찬 모임에 와서 이야기해 줄 수 있겠나?" 저는 흔쾌히 승낙했습니다. 모임에 나가 제 이야기를 하니 사람들이 좋아하더군요. 그리고 그날 저녁, 다른 단체에서 두 통의 전화가 걸려왔어요. 제 이야기를 해달라는 요청이었죠. 그렇게 저는 업무 시간의 일부를 조찬 강연과 오찬 강연에 할애하게 되었습니다. 그러던 어느 날, 제 강연을 세 번쯤 들은 한 남성이 강연을 요청했어요. "저희 회사의 경영진과 영업 사원들에게 강연을 해 주시겠습니까? 그렇게 해 주신다면 기꺼이 비용을 지불하겠습니다." 저는 정말 대단한 일이라고 생각했어요. 제 이야기를 하고 돈을 받는다니 말이죠. 얼마 후 그가 준비한 자리에서 제 이야기를 전하고 돈을 받았습니다. 그런데 또다른 행운이 저를 기다리고 있었어요. 제 이야기를 나누는 것이 사업으로 발전한 겁니다. 저의 본업은 사업가인데, 이제 이 일이 가장 번창하는 사업 중 하나죠.

피터 로우 ··· 제가 성공한 사람들에게서 항상 찾는 것 중 하나는 1~2년의 짧은 성공이 아닌 오래 지속되는 성공을 거두는 방법입니다. 성공하는 법을 배웠지만 그 후 그것을 잃는 사람들이 매우 많아요. 33년이라는 오랜 기간 동안 어떻게 그렇게 성공을 지속할 수 있었습니까?

짐 론 ··· "시간이 지나면 지겨워지지 않요?"라는 질문을 받곤 합니다. 하지만 전혀 그렇지 않아요. 저는 다른 사업도 많이 진행하고 있기 때문에 꼭 강의를 해야 할 필요가 없죠. 하지만 사람들과 공유하는 아이디어는 초창기 제 인생에 매우 큰 영향을 미친 부분이었던 만큼, 제 이야기와 원칙을 공유하는 것이 결코 질리지 않습니다. 저의 수입을 바꾸고, 은행 잔고를 바꾸고, 인생관을 바꾼 것. 목표를 세우게 만들고, 도서관을 짓게 만들고, 익숙해질 것이라고 전혀 생각하지 못했던 규율을 지키도록 만든 것. 저는 이런 경험을 공유하는 일이 즐겁습니다. 사람들과 이러한 생각을 공유한 뒤 감사 편지와 전화를 받아요. 정말 가치 있는 일입니다. 얼마 전, 한 여성이 14년 전 호주에서 쓴 메모를 보여 주며 이렇게 이야기했어요. "저는 지금도 이 메모를 업무에 활용하고 있습니다. 가족과의 관계에 어떤 일이 일어났는지 적어 놓았어요." 그런 편지, 전화, 후기들은 제가 살아가는 이유입니다. 돈은 필요하지 않아요. 돈을 받긴 하지만 돈이 필요하지는 않습니다. 제게 필요한건 "선생님 말씀은 제게 귀중한 조언이었어요. 좋은 말씀을 전해 주셔서 정말 감사합니다."라고 말하는 사람들에게서 얻는 즐거움이에요. 그것은 돈으로 살 수 없는 아주 귀중한 선물이죠.

피터 로우 ··· 테드 케네디^{Ted Kennedy} 상원 의원과 인터뷰하면서 "성공의 비결이 무엇입니까?"라고 물어본 적이 있습니다. 그는 조금의 망설임도 없이 "끈기."라고 말했어요. 또 "성공의 비결은 목적을 위해 끊임없이 노력하는 것이다."라는 벤저민 디즈레일리^{Benjamin Disraeli}의 말을 알고 계실 겁니다. 이들처럼 선생님은 끈기와 끊임없는 노력의 모범을 보여 준 분입니다. "나는 꾸준히 계속할 수 없을 것 같아. 앞으로 수십 년 동안 추구할 수 있는 진정한 목적이 없는 것 같아."라고 말하는 사람들에게 어떤 조언을 해 주시겠습니까?

짐 론 ··· 다양한 목표를 세워야 합니다. 가족 목표, 개인 목표, 후원하고 싶은 가치 있는 프로젝트 등이 있어야 하죠. 단순히 얼마를 벌겠다는 목표가 아닙니다. 집, 좋은 차, 좋은 옷을 갖는 것도 아니에요. 다양한 측면의 목표가 필요하고, 다방면에 걸쳐 흥미와 관심을 키워야 해요. 저는 그것을 이유라고 부릅니다. 이유가 차이를 만들죠. 충분한 이유가 있다면 멋진 일을 할 수 있습니다. "비전이 없으면 우리는 죽는다."라는 고대의 격언이 있습니다. 가고 싶은 곳, 만나고 싶은 사람, 벌고 싶은 수입, 나누고 싶은 돈, 개발하고 싶은 기술, 갖고 싶은 영향력, 쌓고 싶은 명성 등에 대해 사람들이 생각하게 만들 수 있다면 어떨까요? 사람들은 기업가가 되고 싶을까요? 뛰어난 경영자로 경력을 쌓고 싶을까요? 더 좋은 부모가 되고 싶을까요? 주변 사람들에게 어떤 영향을 미치고 싶을까요? 자신이 속한 업계에 어떤 영향을 미치고 싶을까요? 뭐가 됐든 사람들은 자신이 광범위한 분야에서 다양한 일을 성취할 수 있다는 사실을 알게 될 겁니다. 이것이 바로 미래의 약속입니다. 그런 약속이 없다면 인생을 살 가치가 없어지게 되죠. 약속이 명확하면 우리는 규율을 지키고, 대가를 치르고, 책을 읽고, 강의를 듣고, 기술을 배우게 될 겁니다. 따라서 가장 먼저 해야 할 일은 약속을 명확히 정의하는 겁니다. 요즘 부모

들이 해야 할 가장 중요한 일은 자녀에게 미래의 약속, 가
능성, 기회를 보여 주는 거예요.

피터 로우 ··· 선생님의 인생에서 미래의 약속은 뭡니까?

짐 론 ··· 더 많은 책을 쓰고, 더 많은 곳을 보고, 더 많은
사람들과 이야기하고, 가족과 즐거운 시간을 보내는 겁니
다. 저는 여덟 살과 여섯 살 된 손자 둘이 있고, 딸도 둘이
있어요. 그리고 많은 시간을 함께 하고 싶은 매우 특별한
친구들이 있죠. 또 저의 사업 파트너인 91세 아버지도 계
세요. 기업가 커리어에서는 이루고 싶은 것, 개발하고 싶
은 제품, 가 보고 싶은 곳이 많습니다. 강연 커리어에서는
최대한 많은 사람들에게 이야기를 전하고 싶어요. 그리고
요즘은 아이들에게 관심을 갖게 되었습니다. 10대들을 위
해 더 많은 제품을 개발하고 싶어요. 예를 들면 자기계발,
재무 계획, 목표 수립 등을 집에서 공부하는 과정 같은 거
죠. 이런 것들이 저를 계속 나아가게 하는 미래의 목표입

니다.

피터 로우 ··· 인생에 큰 영향을 준 명언이 있나요?

짐 론 ··· 제가 "상황이 바뀌었으면 좋겠어."라며 행운을 빌면 제 멘토인 쇼프 선생님은 "이보게 론, 상황이 바뀌려면 자네가 바뀌어야 하네."라고 말씀하셨습니다. 저는 경제가 바뀌거나 상사가 더 호의적으로 바뀌기를 바라곤 했어요. 상황이 바뀌고 어려움이 사라지길 바랐죠. 하지만 쇼프 선생님은 이렇게 말씀하셨습니다. "상황은 바뀌지 않을 거네. 항상 그래왔듯이 똑같을 거야. 하지만 자네가 바뀌면 모든 것이 바뀌지. 자네가 더 나아지면 모든 것이 자네에게 더 좋아질 걸세."

이것이 지금까지 제가 가르치려고 노력해 온 철학의 핵심입니다. "자신이 변하면 모든 것이 변할 것이다." 저는 이 말이 최고의 명언 중 하나라고 생각합니다. 쇼프 선생님이 제게 한 약속이기도 하죠. 반대로 자신이 변하지 않으면 다음 5년은 지난 5년과 같을 거예요. 하지만 우리는 원한다면 언제든 지난 5년을 배움의 기회로 삼아 다음 5년을 전혀 다른 인생으로 만들 수 있습니다. 건강을 위해, 수입을 위해, 더 가치 있는 사람이 되기 위해, 자신과 가족을 위해, 그리고 다른 사람을 위해 작은 변화를 시작한다면 인생이 달라질 겁니다.

피터 로우 ··· 제게 나쁜 습관이 있는데 고치고 싶다고 가정해 보겠습니다. 어떻게 고칠 수 있을까요?

짐 론 ··· 작은 것부터 한 번에 하나씩 고쳐야 합니다. 가장 좋은 방법은 나쁜 습관을 좋은 습관으로 대체하는 거예요. 건강과 관련된 나쁜 습관이 있다면 좋은 습관을 시작해 보세요. 흡연처럼 하지 말아야 할 습관을 가진 분들도 있을 겁니다. 그런 습관을 그만두려고만 하지 말고, 먼저 좋은 습관을 시작해 보세요. 그러면 새로운 무언가를 실천하는 것에 고무되어 부정적인 습관을 긍정적인 습관으로 바꾸게 될 겁니다.

피터 로우 ··· 성공을 어떻게 정의하시겠습니까? 성공한다는 것의 진정한 의미는 뭘까요?

짐 론 ··· 제게 성공은 정해 놓은 목표를 향해 꾸준히 나아가는 겁니다. 성공은 한 가지로 정의되지 않아요. 특정한 집, 특정한 차, 특정 금액의 소득, 은행에 저축한 돈, 이런 것은 진정한 성공이 아닙니다. 어떤 사람이 "이제 가진 것을 다 현금화해서 산으로 갈 거예요. 남은 인생은 농사도 짓고 다람쥐에게 먹이를 주며 살 겁니다."라고 말한 뒤 실제로 그렇게 한다면 제가 보기에 그 사람은 멋진 성공을 거둔 겁니다. 그의 삶이나 생활 방식을 보면 통상적인 성공과는 거리가 멀지만, 그가 자신의 꿈을 이뤄 즐기고 있거나 그 방향으로 나아가고 있다면 그는 성공한 사람이에요. 성공은 자신의 열망을 바라보고 자신의 가능성을 파악한 다음 최대한 노력하고 능력을 발휘해 자신이 될 수 있

는 모든 것이 되고, 벌 수 있는 모든 것을 벌고, 나눌 수 있
는 모든 것을 나누고, 원하는 방향으로 꾸준히 나아가는
겁니다. 그게 제가 생각하는 성공이에요.

피터 로우 ⋯ 선생님께서는 전 세계를 두루 다니셨는데
요. 다른 문화권의 사람들로부터 인생에 대해, 진정한 성
공에 대해 어떤 교훈을 배울 수 있을까요?

짐 론 ⋯ 미국으로 건너온 수많은 이민자는 우리에게 훌
륭한 교훈을 가르쳐 주었습니다. 그들은 학교에서 우등생
에 속하죠. 반면 미국에서 나고 자란 사람들은 자유와 기
회를 너무 오랫동안 쉽게 누리다보니 날카로움을 잃은 것
같습니다.

몇 푼밖에 없다면 몇 푼밖에 없는 대로, 고통스럽다면
고통스러운 대로, 아프면 아픈 대로, 기회가 얼마 없으면
얼마 없는 대로 시작하세요. 그리고 거기서 무엇을 해낼
수 있는지 보는 겁니다. 저는 자유가 보장되고 장벽이 무

너진 다른 나라의 사람들이 우리에게 많은 가르침을 줄 수 있을 거라고 생각합니다. 누군가가 우리에게 무엇을 줄 거라고 기대하기보다 우리가 가진 것에서 가치 있는 결과물을 만드는 것에 대해서 말이죠.

피터 로우 ··· 지그 지글러Zig Ziglar는 미국으로 건너온 합법적 이민자들이 본토 태생 미국인보다 백만장자가 될 가능성이 네 배가량 높다는 연구 결과를 인용했습니다. 제가 인도에서 어떻게 자랐는지 전에 말씀드린 적이 있는데요. 저는 미국에서 누리는 막대한 기회를 여실히 느끼게 해 주었다는 점에서 그 경험을 정말 고맙게 생각합니다. 하지만 다른 나라를 경험해 보지 못하고 미국에서만 살아온 사람들도 있습니다. 그들이 자신들이 누리는 막대한 기회에 감사함을 느낄 수 있도록 한 말씀해 주시겠습니까?

짐 론 ··· 지난 6000년의 역사에서 미국처럼 전 세계로부터 많은 선물을 받은 나라는 없었다는 사실을 상기할 필요가 있습니다. 200년 동안 미국으로 들어온 여러 민족들은 자신들의 선물을 가져왔어요. 자유, 정치, 종교, 직업 윤리, 음악, 치유, 의학, 발명, 예술, 춤 등의 선물이죠. 다양한 민족으로부터 왔다고 해서 그 선물에 감사하지 않거나 냉소적인 태도를 갖는 것은 큰 실수입니다. 책이 있어도 읽지 않고, 수업이 있어도 배우지 않고, 음악이 있어도 듣지 않고, 아이디어가 있어도 받아들이지 않고, 인생을 바꿔 줄 사람을 만날 배움의 장소가 있어도 가지 않는다면, 즉 그 모든 기회를 활용하지 않는다면 그것은 큰 비극이에요. 손만 뻗으면 많은 것을 얻을 수 있는데 아무 기대도, 아무 흥미도 없다면 얼마나 안타까운 일입니까.

하지만 사람들에게 모든 것이 가능하다는 사실을 상기시키는 것이 제 강연의 목적이고 제가 책을 쓰는 이유입니다. 냉소적인 태도에서 벗어나 이용할 수 있는 기회들을 감사하는 마음으로 활용하세요. 그것이 현재와 미래의 우리 삶에 영향을 미치도록 말이죠.

피터 로우 · · · 선생님께 정말 큰 영향을 받았다는 사업가를 비행기 옆자리에서 만났습니다. 그는 선생님께서 하신 욥의 이야기가 자신의 인생에 영향을 미쳤다고 했는데요. 어떤 이야기입니까?

짐 론 · · · 그 이야기는 성경에 있는 그대로가 아니라 제 해석을 더한 겁니다.

어느 날 예수와 사탄이 욥 주변의 울타리를 걷어 내자는 내기를 했어요. 사탄은 "당신이 울타리를 없앤다면 장담컨대 당신의 위대한 친구인 욥은 곧바로 당신을 저주할 거요."라고 말했습니다. 예수는 "당치 않은 말이오."라고 했죠. 그렇게 내기가 시작되었고 예수는 내기의 조건에 따라 울타리를 걷어 냈습니다. 그러자 사탄은 유명한 사건을 일으킵니다. 첫째, 욥의 가족을 빼앗고, 둘째, 욥의 재산을 빼앗고, 셋째, 욥의 건강을 빼앗습니다. 그것으로도 부족하다는 듯, 잿더미에 앉아 상처를 돌로 긁고 있는 욥에게 아내가 나타나 이렇게 말하죠. "욥, 당신의 친구인 예수는 당신을 떠난 지 오래인 것 같군요. 차라리 예수를 저주하고 죽는 게 낫겠어요." 사탄은 예수에게 "욥이 당신을 저주할 때가 되었소."라고 말합니다. 하지만 욥은 "절대 안 됩니다. 나는 무슨 일이 있어도 예수님을 저주하지 않아요."라고 아내에게 말하죠. 그러자 예수는 "그러면 그렇지!"라고 하며 욥에게 그동안의 고통을 보상했습니다. 이야기에 따르면 예수는 욥이 이전에 가졌던 것보다 가족도 두 배, 재산도 두 배, 건강도 두 배로 주었다고 합니다. 그리고 욥은 당대에 매우 유명한 사람이 되었죠.

저는 이 이야기가 흥미롭고 매력적이라고 생각합니다. 예전에 저는 좌절감을 느끼곤 했지만 좌절을 흥미로 바꾸고자 노력하는 것이 중요하다는 점을 배웠어요. 열심히 노력하면 여러분도 할 수 있습니다. 한 번은 로스앤젤레스에서 공항으로 향하는 고속도로를 달리고 있었는데 차가 너무 막혀 꼼짝도 하지 않았어요. 비행기가 45분 후에 출발하는데 말이죠. 하지만 저는 그 상황이 흥미로웠습니다. 좌절을 흥미로 바꾸는 것이 매번 되는 것은 아니지만 그렇게 할 수 있다면 그때마다 정말 멋질 겁니다. 어쨌든 좌절하는 것보다 흥미를 느끼는 것이 더 낫습니다.

피터 로우 ··· 비행기를 놓쳤는데도요?

짐 론 ··· 저는 제 좌절감이 흥미롭습니다.

피터 로우 ··· 멋지군요. 그러면 인생에서 배운 가장 큰 교훈은 무엇일까요?

짐 론 ··· 진정한 가치는 정말 중요합니다. 제가 배운 가장 큰 교훈은 인간이 특별하고 고유한 창조물이라는 점입니다. 우리는 다른 어떤 생명체와도 같지 않습니다. 북쪽으로 갈 수도, 남쪽으로 갈 수도, 동쪽으로 갈 수도, 서쪽으로 갈 수도 있죠. 5년 동안 한 가지 방식으로 살다가 그 방식을 버리고 다음 5년 동안 다른 방식으로 살 수도 있어요. 우리는 본능과 유전자에 의해 움직이지 않습니다. 저는 가능성에 대해 연구하며 압도되었어요. 즉, 사람들이 어디에서 시작해서 어디까지 갈 수 있는지, 무엇을 시작해서 마침내 무엇이 될 수 있는지에 대한 가능성 말이죠.

우리는 인생이 믿을 수 없을 만큼 흥미진진한 모험이라는 것을 알 수 있습니다. 그 모험을 시작하면 교훈을 배우고, 규율을 받아들이고, 책을 읽고, 아이디어를 구체화 시킬 수 있고 '내가 정말 무엇을 할 수 있을까?', '내가 정말 무엇을 성취할 수 있을까?' 궁금해질 겁니다.

사람들이 어디에서 시작해서 마침내 어디에 도달하고 무엇을 성취했는지에 대한 이야기는 언제나 흥미로워요. 물론 그 과정에는 위험이 따르죠. 하지만 그것이 바로 철학의 핵심입니다. 철학은 위험을 피하고 기회를 활용할 수 있는 지침을 제공합니다. 이것이 제가 강연을 하는 목적이며, 제가 실천하는 방식을 사람들에게 가르치는 이유이기도 하죠. 즉, 다듬어진 안내 시스템을 제공해 사람들을 돕는 겁니다. 특히 위험을 더 일찍 인식하고 기회 또한 더 일찍 포착하여 무언가를 이루도록 돕습니다. 저는 인간의 정신, 인간의 가능성에 끊임없이 놀라곤 해요. 가장 거대하고 힘든 문제를 가진 사람들이 그것을 극복하고 숭고한 일, 영향력 있는 일, 놀라운 일을 해내죠. 저는 그런 모습에 항상 흥미를 느낍니다.

또한 제 자신에게도 흥미를 느껴요. 제가 행동하는 방식, 반응하는 방식에 대해서요. 끊임없이 도는 지구에서 저라는 인간의 모험은 무엇일까요? 저는 미국에 대해서, 즉 미국이라는 나라, 산업, 상업, 비즈니스, 회사, 기관, 교육, 정치 등 모든 것에 흥미를 느낍니다. 저는 우리가 그런 것에 호기심을 가져야 한다고 생각해요. 한 나라가 어떻게 작동하는지, 우리가 가정에서 또 지역사회에서 시민으로서, 직원으로서, 사업주로서 어떻게 우리의 역할을 가장 잘 수행할 수 있는지 등 모든 것을 궁금해해야 합니다.

피터 로우 ··· 어떻게 하면 그런 호기심을 가질 수 있을까요? 한 번은 래리 킹Larry King과 차를 타고 가는데 불과 20분 남짓한 시간 동안 제게 질문을 100개쯤 했던 것 같아요. 그가 훌륭한 인터뷰 진행자가 된 것은 호기심이 매우 많고 모든 것을 알고 싶어 하기 때문이라고 생각합니다. 선생님께서 말씀하신 그런 호기심을 어떻게 개발할 수 있을까요?

짐 론 … 아이들은 호기심이 많습니다. 그렇죠? 아이들이 태어나서 6~7년 동안 그렇게 많은 것을 배우는 건 호기심이 많기 때문이죠. 아이들은 개미를 탐구하지만 어른들은 개미를 밟고 지나갑니다. 아이들은 개미를 밟지 않고 주의 깊게 살펴봐요. '개미는 자기보다 큰 물체를 어떻게 옮길 수 있을까?' 하면서요. 저는 커뮤니케이션을 가르칠 때 그런 호기심에서 출발합니다.

커뮤니케이션을 잘 하는 사람이 되기 위해서는 무엇보다도 좋은 이야깃거리가 있어야 합니다. 좋은 이야깃거리가 있으려면 첫째, 관심사를 잘 알아야 합니다. 신문과 잡지를 읽고 무슨 일이 일어나고 있는지 알아야 하죠. 시사, 정치, 사회 문제에 관심을 갖는 겁니다. 그 방법 중 하나는 연습이며, 더 많이 연습할수록 더 익숙해지게 됩니다. 그런 습관을 확립하면 관심사가 점점 더 커지기 시작할 겁니다. 다음은 흥미입니다. 호기심은 알고 싶은 욕구를 자극합니다. "나는 체계적으로 몇 가지 질문을 할 것이다. 나는 더 나은 독자가 될 것이다. 나는 더 잘 듣는 사람이 될 것이다. 나는 더 많이 찾아볼 것이다." 이렇게 말하며 시작해보세요. 더 많이 할수록 흥미로운 것을 찾게 되고 그것은 다른 흥미로운 것으로 이어질 겁니다. 그리고 금방 상승세를 타게 되죠.

피터 로우 ··· 가치에 대해 언급하셨는데요. 〈뉴스위크 Newsweek〉의 조사 결과에 따르면, 미국인의 76퍼센트가 현재 미국이 도덕적, 정신적으로 잘못된 길로 가고 있다고 응답했습니다. "성공한 사람이 되는 것을 목표로 하지 말고 가치 있는 사람이 되는 것을 목표로 하라." 아인슈타인의 말인데요. 선생님의 인생에서 가치가 어떤 역할을 하고 있나요? 그리고 우리 인생의 성공이나 실패에 가치가 어떤 역할을 할까요?

짐 론 ··· 가치는 매우 중요한 주제입니다. 10대들에게 이야기할 때 저는 돈에 대한 이야기로 시작해서 자기계발을 가르칩니다. 아이들은 돈에 관심이 있고, 돈은 쉽게 셀 수 있기 때문이죠. 저는 10대들에게 "시장에 가치를 제공하면 돈을 받는단다."라고 말해요. 경제를 설명하는 간단한 문장입니다. 우리는 시간에 대해 돈을 받는 것이 아니라 가치에 대해 돈을 받습니다. 그렇다면 가치가 두 배가 되면 돈도 두 배로 벌 수 있을까요? 당연히 그렇습니다. 지금보다 세 배 더 가치 있는 사람이 되면 세 배 더 많은 돈을 벌 수 있을까요? 물론입니다. 지금보다 열 배 더 가치 있는 사람이 되면 열 배 더 많은 돈을 벌 수 있을까요? 처음에 돈과 경제에 대해 이야기한 대로 물론 그럴 수 있습니다.

미국의 경제 사다리는 시간당 5달러에서 시작해 최고 소득인 2억 달러까지 올라갑니다. 디즈니 운영자가 최고 소득자였죠. 어째서 시장은 어떤 사람에게 시간당 5달러밖에 지불하지 않을까요? 그들이 시장에서 그다지 가치가 없기 때문입니다. 여기서 강조해야 할 것은 시장입니다. 시간당 5달러를 받는다 해도 그 사람은 누군가의 소중한 형제이고 가족 구성원이며 한 나라의 시민입니다. 하지만 시장에서 그다지 가치가 없다면 많은 돈을 받지 못합니다. 그렇다면 어째서 시장은 어떤 사람에게 시간당 50달러를 지불할까요? 분명 그 사람이 시장에서 더 가치 있기 때문입니다. 시간당 500달러를 지불하는 경우는요? 그 사람이 더 가치 있기 때문이죠. 어떤 회사가 누군가에게 1년에 2억 달러를 지불한다면 왜 그럴까요? 그 사람이 매우 가치 있기 때문입니다. 그 사람의 도움으로 회사가 1년에 40억 달러를 번다면 그는 2억 달러를 받을 수 있을까요? 물론 그럴 수 있습니다.

쇼프 선생님은 제게 이 사다리를 어떻게 올라가는지 가르쳐 주셨습니다. "직장에서 노력하는 것보다 자신에 대해 더 많은 노력을 기울이게."라고 말씀하셨죠. 그 경제 철학을 갈고 닦은 결과 제 인생이 바뀌었습니다. 스물다섯 살까지는 직장에서 열심히 일하며 생계를 꾸렸어요. 그 다음부터는 자신을 개발하기 위해 열심히 노력했고 많은 돈을 벌었습니다. 그리고 그것을 저의 철학으로 표현했어요.

"성공은 추구하는 것이 아닙니다. 성공은 어떤 사람이 되느냐에 의해 따라오는 것입니다. 우리가 추구하는 것은 좀처럼 잡을 수 없는 나비와 같습니다. 성공하고 싶다면 기술과 품성을 개발하여 성공을 끌어당겨야 합니다. 시장, 상품, 서비스에 대해 우리가 알고 있는 것, 그것이 가치 있는 것입니다. 따라서 시장에서 많은 돈을 버는 열쇠는 가치 있는 사람이 되는 것입니다."

우리는 시장에서 가치 있는 사람이 되어야 할 뿐만 아니라 가족에게도 가치를 제공해야 합니다. 아버지는 자녀에게 미래의 약속을 명확히 보여 주어야 해요. 비전, 약속, 가능성, 자녀에게 주어진 기회, 이런 것을 설명할 때 이야기와 예시를 공유해야 하죠. 어머니는 자녀에게 배려, 애정, 영혼, 온정을 쏟아야 합니다. 경제적 측면에서 시장에 가치를 제공할 뿐만 아니라 가족에게도 가치를 제공해야 합니다. 다음으로 시민으로서의 가치가 있습니다. 자본주의, 민주주의, 자유에 대해 이야기해 볼까요. 세계 여러 나라들과의 경쟁에서 가치 있는 존재가 되기 위해 우리는 각자에게 적합한 일을 해야 합니다. 그것은 가정에서 자녀들을 가르치는 가치 있는 존재가 되는 것에서 시작합니다. 기업, 정부, 학교, 지역사회, 가정, 사무실, 농구팀, 야구팀 등 사람들이 모이는 곳 어디에서든 각자가 자신이 속한 기업, 경기, 가족, 사업, 사무실에 더 나은 가치를 제공한다면 우리는 세계 여러 나라들과의 경쟁에서 이길 수 있는 좋은 기회를 갖게 될 겁니다. 21세기에 우리가 무엇을 이룰 수 있을지 누가 알겠습니까?

피터 로우 ··· 평범한 사람들이 삶에서 이룰 수 있는 가장 중요한 변화는 무엇입니까?

짐 론 ··· 간단한 것부터 시작하세요. 하지만 여기서 문제는 하기 쉬운 일은 안 하기도 쉽다는 점입니다. 건강을 위해 매일 동네 한 바퀴를 산책해야 하는데 하지 않는다면 어떨까요. 무언가를 해야 하고 할 수 있는데 하지 않는다면 그것은 재앙을 불러오는 공식이라고 할 수 있습니다. 자기계발은 자신의 건강, 생활, 수입, 미래를 개선하기 위해 할 수 있는 가장 즉각적인 일부터 시작하는 겁니다. 그것이 하루에 사과 하나를 먹는 일이라면 그것부터 시작하세요. 동네 한 바퀴를 산책하는 일이라면 그것부터 시작하면 됩니다. 자기계발 도서를 모아 서재를 만들어야 한다면 당장 책을 사세요. 강연에 참석해야 한다면 주저하지 말고 가세요. 일기를 써야 한다면 당장 쓰기 시작하세요. 긍정적인 변화는 하늘에서 멋진 선물이 뚝 떨어지듯 하루아침에 생기는 것이 아닙니다. 자기계발이라는 작은 일부터 시작하는 것이 중요합니다. 건강이든, 수강하고 싶었지만 미뤄왔던 수업에 등록하는 것이든 상관없어요. 방치는 우리를 지치게 만듭니다. 방치는 공기를 차단하고, 돈을 차단하고, 그 밖의 모든 것을 차단해 우리의 목을 조릅니다. 하지만 그 과정을 뒤집으면 삶에서 긍정적인 변화를 볼 수 있어요. "해야 되고 할 수 있는데 하지 않았어."라고 말하는 대신 "할 수 있어. 할 거야."라고 말하게 되는 겁니다. 하루에 사과 한 개부터 시작하세요. 일기장을 사서 기록하세요. 책을 사서 새로운 서재에 넣으세요. 수업에 등록하세요. 여러분이 할 일은 과정을 시작하는 것, 그게 전부예요. 그런 초기 단계들을 시작하면 나머지 단계 또한 시작하고 싶은 마음이 생길 겁니다.

피터 로우 ··· 영향력 있는 사람들이나 이미 놀라운 성공을 거둔 사람들은 어떻습니까? 그들은 거의 모든 일을 제대로 하고 있거나 보통 사람들보다 훨씬 잘하고 있는 것 같은데요. 그들에게 어떤 말씀을 해 주시겠습니까?

짐 론 ··· 모든 것은 개선이 필요합니다. "모든 것은 오래 지속되면 경로를 벗어나는 경향이 있다."라는 말이 있죠. 달을 향해 로켓을 발사할 때 초기 유도 시스템은 끝까지 지속되지 않습니다. 그래서 중간 궤도 수정이라는 걸 하죠. 세상에 자주 살펴볼 필요가 없는 것은 없습니다. "작은 여우가 포도나무를 망친다."라는 성경 구절이 있습니다.

언뜻 보면 상태가 좋아 보일 수 있지만 모든 시스템은 정기적으로 점검해야 합니다. 라스베이거스의 대형 도박장들은 하루에도 몇 번씩 손익계산서를 작성하죠. 너무 많은 일이 일어나기 때문에 몇 시간 단위로 보고 또 보며 반복해서 점검하는 겁니다. 우리의 인생과 비즈니스는 라스베이거스의 도박장보다 훨씬 더 소중합니다. 하지만 도박장의 사례에서 좋은 교훈을 얻을 수 있어요. 즉 건강, 인간관계, 기업 회계, 가정 경제 등 모든 시스템이 제대로 작동하는지 그때그때 확인해야 더 발전할 수 있습니다.

피터 로우 ⋯ 정말 훌륭한 조언입니다. 끝으로 청취자들과 나누고 싶은 말씀이 있으신가요?

짐 론 ⋯ 제 이야기를 나누게 되어 영광입니다. 마지막으로 이 말을 하고 싶군요. 간단한 것부터 시작해서 삶에 가치를 더하면 가장 놀라운 일을 할 수 있습니다. 여러분이 못할 이유가 있을까요? 아이다호 농장 출신의 소년이 할 수 있다면 여러분도 못할 이유가 없습니다. 전 아무것도 없이 시작했어요. 남들보다 뒤에서 출발했죠. 그런데 여러분이 못할 이유가 있을까요? 제가 할 수 있다면 여러분도 할 수 있습니다. 이것이 제가 전하고 싶은 메시지입니다.

결국 성공하는 사람들의 원칙

초판 1쇄 발행 2024년 6월 7일

지은이 짐 론
옮긴이 유지연
펴낸이 민혜영
펴낸곳 오아시스
주소 서울특별시 마포구 월드컵로1 4길 56, 4-5층
전화 02-303-5580 | **팩스** 02-2179-8768
홈페이지 www.cassiopeiabook.com | **전자우편** editor@cassiopeiabook.com
출판등록 2012년 12월 27일 제2014-000277호

ⓒ짐 론, 2024
ISBN 979-11-6827-195-1 (03190)

- 오아시스는 (주)카시오페아 출판사의 인문교양 브랜드입니다.
- 잘못된 책은 구입하신 곳에서 바꿔 드립니다.
- 책값은 뒤표지에 있습니다.